Eva-Maria Schumm-Weber

Digitalisierung trifft Ethik und Moral 8–13

8 Unterrichtsentwürfe zu aktuellen ethischen Fragen im Religions- und Ethikunterricht

1. Auflage 2023

Autor*innen: Eva-Maria Schumm-Weber
Covergestaltung: Kirstin Lenhart München
Umschlagfoto: iStock by Getty Images - Devrimb
Illustrationen: Steffi Aufmuth, Boris Braun, Anna Muschielok, Atelier Trantow, Corina Beurenmeister, Kristina Klotz, Hendrik Kranenberg, Tina Pohl
Bibelzitate: Die Bibelstellen sind der Übersetzung Hoffnung für alle® entnommen, Copyright © 1983, 1996, 2002, 2015 by Biblica, Inc.®. Verwendet mit freundlicher Genehmigung des Herausgebers Fontis.
Satz: Fotosatz H. Buck, Kumhausen
Druck und Bindung: Korrekt Nyomdaipari Kft., Budapest
ISBN 978-3-403-**08675**-8

www.auer-verlag.de

Inhaltsverzeichnis

Vorwort 5

Themen für die Jahrgangsstufen 8 und 9

Freundschaft und soziale Medien 6
Methodisch-didaktische Hinweise 6
Serhat und Samuel sprechen über Freundschaft 7
Über Freundschaft nachdenken 8
Mein Rezept für Freundschaft 9
Freundschaft in den sozialen Medien 10
Postvorlage/Chatvorlage 11
Zusatz: Daten und Metadaten in den sozialen Medien 12
Erwartungshorizont 14

Cybermobbing 16
Methodisch-didaktische Hinweise 16
Was würdest du tun …? 17
Was sind Werte? 18
Face-to-Face-Mobbing und Cybermobbing 19
Unterschiede zwischen Face-to-Face-Mobbing und Cybermobbing 22
Und was würdest du nun tun …? 23
Zusatz: Werte in den Religionen 24
Zusatz: Tipps gegen Cybermobbing 24
Erwartungshorizont 25

Influencer 27
Methodisch-didaktische Hinweise 27
Reflexionsscheibe 28
Jugendliche im Internet 29
Blogs, Podcasts und Influencer 30
Rollenkarten: Influencer 31
Zusatz: Jesus als Influencer 34
Zusatz: Ich als Influencer 34
Erwartungshorizont 35

Spielwelten 37
Methodisch-didaktische Hinweise 37
Mein Spielverhalten – eine Selbstreflexion 38
Schnitzeljagd 39
Zwischen Spielwelt und Realität 43
Spielsucht: Fakten und Hilfsmöglichkeiten 44
Erwartungshorizont 45

Themen für die Jahrgangsstufen 10 bis 13

Würde in Gefahr? Der Mensch in der digitalen Welt . . . 47
Methodisch-didaktische Hinweise . . . 47
Milly und ihre Oma . . . 48
Menschenbild . . . 49
Veränderungen für Leib, Geist und Seele . . . 50
Human Enhancement . . . 51
Zusatz: Der Mensch als „Zoon politikon“ . . . 52
Zusatz: Menschenbilder in der Philosophie, Theologie, Literatur und Musik . . 53
Erwartungshorizont . . . 55

Die Schritte der ethischen Urteilsfindung am Beispiel „Fake News“ . . . 57
Methodisch-didaktische Hinweise . . . 57
Meine Meinung über... . . . 58
Was sind Fake News? . . . 59
Fiktives Interview mit einer Politikerin . . . 60
Die Schritte der ethischen Urteilsfindung . . . 61
Zusatz: Gefahren von Fake News . . . 62
Erwartungshorizont . . . 63

Value Sensitive Design am Beispiel „http-Cookies“ . . . 66
Methodisch-didaktische Hinweise . . . 66
Teekesselchen-Spiel . . . 67
Cookies und Surfen . . . 68
Kurzfragebogen zur Selbstreflexion . . . 69
Value Sensitive Design (VSD) . . . 70
Zusatz: Umgang mit http-Cookies . . . 72
Erwartungshorizont . . . 73

Künstliche Intelligenz und Dystopie . . . 75
Methodisch-didaktische Hinweise . . . 75
Künstliche Intelligenz (KI) oder nicht? . . . 76
Künstliche Intelligenz . . . 77
Algorithmen . . . 78
Die Geschichte der KI . . . 79
Chancen und Gefahren von KI . . . 80
Dystopien . . . 81
Zusatz: Der Turmbau zu Babel . . . 82
Erwartungshorizont . . . 83

Vorwort

Unser Leben ist von der digitalen Welt nicht mehr zu trennen. Was über uns alle in irgendeiner Cloud versteckt ist, bleibt ein Stück weit unbekannt. Und wir selbst liefern stetig die Informationen, mitunter unbewusst oder ungewollt.
Die Interaktion zwischen Menschen und Technik bedarf immer auch der ethischen und moralischen Reflexion.
Deshalb stellt sich die Frage: Inwieweit wollen wir unser Leben in die Hand von Bits und Bytes legen? Und weiter: Wo bringen uns Neuerungen der digitalen Welt Vorteile und wo sind Gefahren verborgen?

Der Ethik- und Religionsunterricht möchte den Schüler*innen die Kompetenz vermitteln, sich eine eigene Meinung zu den Themen bilden zu können. Die Aufklärung über digitale Neuerungen sowie die Abwägung von deren Chancen und Risiken tragen essenziell zur Förderung der Demokratie in unserer Gesellschaft bei.
Diese Ziele sind verbunden mit den Bildungsplanthemen der Fächer Ethik und Religion der Mittel- und Oberstufe. Freundschaft, Cybermobbing, Menschenbilder und die Schritte ethischer Urteilsfindung können hier beispielhaft angeführt werden.

Die einzelnen Kapitel sind als fertige Einheiten konzipiert. Sie bieten Ihnen aber genauso die Möglichkeit, nur einzelne Arbeitsblätter oder Anregungen zu verwenden. Zudem stehen zur Orientierung Lösungsvorschläge bereit.
Pandemiebedingt hat jede Schule unterschiedliche Plattformen eingeführt oder verschiedene Online-Tools verwendet. Daher sind hier keine konkreten digitalen Tools genannt, wie es dem Thema eigentlich angemessen wäre. Dennoch werden Hinweise gegeben, wo der Einsatz von digitalen Tools sinnvoll sein kann. So ist für jede Lehrkraft die größtmögliche Freiheit zur Nutzung der Materialien gewährleistet. Nutzen Sie die digitalen Möglichkeiten, denn diese motivieren Schüler*innen und fördern ihre technischen Kompetenzen.

Die Ideen im vorliegenden Heft sind an die Lebenswelt der Schüler*innen aus der Mittel- und Oberstufe angelehnt.
Insbesondere gilt mein Dank meiner Informatik-Kollegin Zdravka Mrkonjic, die mir Impulse zu den technischen Aspekten des Heftes geliefert hat.

Ihnen nun viel Freude beim Unterrichten

Eva-Maria Schumm-Weber

Freundschaft und soziale Medien

Methodisch-didaktische Hinweise

Klasse: 8	Dauer: 2 Unterrichtsstunden
Schwierigkeit: mittel/schwierig	Material: M1 bis M6

Sachanalyse

Freundschaft ist ein wichtiges Thema für Jugendliche. Sie reflektieren, warum Freundschaften zerbrechen, und lernen, was Freundschaft für sie bedeutet. Heutzutage gestaltet sich Freundschaft oft über digitale Kanäle, was Folgen für Verbindlichkeiten und Vertrauen mit sich bringen kann. Zudem lernen die Schüler*innen, wie sich Freundschaften im Zuge der Digitalisierung verändert haben.

Lernziele

Die Schüler*innen …

- reflektieren ihre Vorstellung von Freundschaft und die von bekannten Philosophen.
- kennen die Bedeutung der sozialen Medien in den heutigen Freundschaften.
- machen sich Gedanken über die Bedeutung von sozialen Netzwerken.
- lernen die Bedeutung von Daten und Metadaten in den sozialen Medien kennen.

Motivation

- Die Schüler*innen lesen als Einstieg den Chat zwischen Serhat und Samuel (**M1**) im Plenum. Anschließend arbeiten sie in Zweierteams den Inhalt des Dialogs und die Meinungen von Serhat und Samuel zum Thema Freundschaft heraus und positionieren sich mithilfe der Viereckenmethode. Einige Schüler*innen erklären, warum sie sich so positioniert haben.
- Durch den Chat (**M1**), der viele Aspekte aus dem Alltag der Schüler*innen beinhaltet, wird den Schüler*innen die Lebensrelevanz des Stundenthemas nähergebracht. Herausforderungen können bei Schüler*innen auftreten, die das Gefühl haben, keine Freunde zu haben, zu brauchen oder die in einer Streitsituation sind. Eine Lösung muss im jeweiligen Einzelfall pädagogisch sinnvoll gewählt werden.

Erarbeitungsphase

- Die Schüler*innen lesen den Text „Über Freundschaft nachdenken" (**M2**) und bearbeiten die Aufgaben.
- Die Schüler*innen erstellen im Anschluss in Einzelarbeit ihr eigenes Rezept für Freundschaft (**M3**). Einige Rezepte werden in der Klasse vorgelesen. Es können Gemeinsamkeiten und Unterschiede an der Tafel in einer Tabelle notiert werden.
- Die Schüler*innen überlegen in Partner*innenarbeit, ob und wie Freundschaft sich auf ihren Social-Media-Accounts wiederfindet und ob sie ihre Freundesliste als ein zuverlässiges Netzwerk erleben (**M4**).
- Mithilfe einer Postvorlage (**M5**) wird ein Statement zu den Erkenntnissen aus **M4** verfasst. Diese Posts werden unter dem Visualizer oder an der Tafel mithilfe von Magneten für alle sichtbar gemacht. Die Posts werden angesehen und besprochen. Interessant wäre hier auch der Aspekt, dass ein kritischer Post dann auch in dem sozialen Netzwerk stehen würde und alle ihn lesen könnten. Die Klasse kann über mögliche Reaktionen anderer spekulieren.
- **Alternativ** verfassen die Schüler*innen mithilfe einer Chatvorlage (**M5**) eine Chatnachricht an eine*n Freund*in. Inhalt dieser Nachricht ist, was sie an der Person schätzen. Schüler*innen werden eingeladen etwas vorzulesen, aber nicht aufgefordert, da es sich um eine sensible Selbstreflexion handelt.

Vertiefung/Transfer

- Es ist möglich, das Zusatzmaterial „Daten und Metadaten in den sozialen Medien" (**M6**) zu bearbeiten, um das Thema weiter zu vertiefen.

M1 Serhat und Samuel sprechen über Freundschaft

1 Partnerarbeit: Lest zunächst gemeinsam mit der Klasse die Geschichte von Serhat und Samuel. Bearbeitet im Anschluss mit einem Partner die dazugehörenden Aufgaben.

a) Einer von euch arbeitet die Meinung von Serhat zum Thema Freundschaft heraus, der andere die von Samuel. Erklärt euch die Meinungen gegenseitig.
b) Diskutiert, welche Meinung ihr eher nachvollziehen könnt, und begründet stichwortartig.

Rollen: Erzähler, Serhat und Samuel

Erzähler: Auf Serhats Smartphone erscheint eine Nachricht. Samuel, sein Nachbar und Freund, der ein Jahr jünger ist, berichtet über eine Situation aus der Schule.

Samuel: Heute gab es einen riesigen Streit in unserer Klasse. So richtig Stress … 

Serhat: Was ist passiert?

Samuel: Zwei Mädchen, Jenny und Pia, haben sich gestritten. Eine davon denkt, dass ein anderer Junge aus der Klasse ihr Geld gestohlen hat. Nach und nach haben sich weitere Personen eingemischt und am Ende hat Pia Jenny angeschrien und die Freundschaft gekündigt.

Serhat: Krass! Ich finde, dass eine Freundschaft einen Streit überstehen sollte, vor allem wenn man nur unterschiedlicher Meinung ist. Ich denke, es ist besser, nur wenige Freunde zu haben. Für die kann ich auch richtig da sein und ich weiß, wie sie reagieren.

Samuel: Ich finde es eigentlich ganz cool, viele Freunde zu haben, mit denen ich viel unternehmen und Spaß haben kann. Deshalb kann ich schon verstehen, dass Pia keine Freundin will, die Ärger und Stress bringt.

Serhat: Mir ist es wichtig, dass ich mit Freunden über Probleme und Fragen sprechen kann. Spaß ist für mich nicht so wichtig. Wichtiger ist, dass man füreinander da ist und seine Gedanken teilt. Das macht Freundschaft aus.

Samuel: Du meinst, so wie wir es gerade machen?

2 Stellt euch in der Klasse auf und wählt die Ecke, die eure Meinung am ehesten wiedergibt. (1) Samuels Meinung sagt mir zu, (2) Serhats Meinung sagt mir zu, (3) eine Mischung aus beiden Meinungen erscheint mir richtig, (4) mir fehlt etwas ganz Wichtiges bei beiden Meinungen. Tauscht euch aus!

M2 Über Freundschaft nachdenken

1 Lies den Text aufmerksam durch.

a) Streiche drei wichtige Informationen aus dem Text rot an.
b) Unterstreiche zwei Wörter oder Satzteile, zu denen du gerne mehr wissen möchtest, in grün. Recherchiere die Inhalte als Hausaufgabe!

In vielen modernen Filmen oder Liedern ist Freundschaft ein Thema. Freundschaftsgeschichten und -vorstellungen sind darin sehr unterschiedlich. Das haben wir schon bei Serhat und Samuel gesehen.

Die Meinungen von Serhat und Samuel sind nicht neu. Sie waren schon unter den Denkern (Philosophen) der Antike verbreitet. So vertrat Aristoteles, der etwa um 350 v. Chr., also vor über 2 000 Jahren, gelebt hat, die Meinung von Serhat. Aristoteles war der Überzeugung, dass Freundschaft etwas mit Fürsorge füreinander und mit einer Vertrautheit der Seelen, besonders auch in schwierigen Zeiten, zu tun hat. Der Denker Epikur, welcher etwa 30 Jahre nach Aristoteles geboren wurde, setzte auf Freude und Lust am Leben, die sich auch in Freundschaften widerspiegeln mussten.

Die Frage danach, was Freundschaft ist, hat die Philosophen aber nicht losgelassen. So versteht Georg Simmel (um 1900) den Freund als einen Menschen, mit dem wir Interessen (wie z. B. Hobbys) teilen, den wir aber nie ganz erkennen können. Der Freund bleibt also ein Geheimnis.

Die Vernetzung der Welt (Globalisierung) durch den Handel und das Internet macht die Menschen flexibler. Umzüge oder Jobwechsel wirken herausfordernd für Freundschaften. Viele nutzen das Internet, um Freundschaften aufrechtzuerhalten. Das Internet wird aber auch genutzt, um Freundschaften zu gestalten, ob zum bloßen Austausch oder für eine Verabredung. Inwiefern verändern diese Tatsachen Freundschaften im Vergleich zu früher?

2 Der Text stellt am Ende (Zeile 19) eine Frage. Nimm Bezug darauf und beschreibe drei Aspekte, wie sich Freundschaften durch das Internet verändert haben.
Hilfestellung: Versuche dir vorzustellen, es gäbe kein Internet: Wie sähen deine Freundschaften aus?

M3 Mein Rezept für Freundschaft

1 Entwirf dein eigenes Rezept für Freundschaft, wähle z. B. 300g Vertrauen, eine Prise Blödsinn ... Achte darauf, deine Wahl begründen zu können. Notiere!

REZEPT

M4 Freundschaft in den sozialen Medien

1 Partnerarbeit: Diskutiert, ob ihr eure Social-Media-Accounts für eure Freundschaften nutzt oder ob sie eure Freundschaften behindern. Sammelt drei Pro- und drei Kontra-Argumente und schreibt sie auf.

Pro-Argumente	Kontra-Argumente

2 Partnerarbeit: Diskutiert, ob ihr eure Freundschaftsliste als ein zuverlässiges soziales Netzwerk erlebt. Macht euch dabei über folgende Fragen Gedanken:

- Wird euch in den sozialen Medien geholfen?
- Helfen euch soziale Medien dabei, Kontakt zu halten?
- Erlebt ihr Unterstützung in den sozialen Medien?

© kucherav/stock.adobe.com

M5 Postvorlage/Chatvorlage

1 Bearbeite alternativ Aufgabe a) oder b).

a) Social-Media-Post: Verfasse einen kurzen Post (maximal zwei Sätze) für eine Social-Media-Plattform, in dem deine Gedanken aus „M4 Freundschaft in den sozialen Medien" zum Ausdruck kommen. Entscheide selbst, was du preisgeben möchtest. Vielleicht hilft es dir, wenn du überlegst, was du einem Freund oder einer Freundin über Freundschaft in den sozialen Medien sagen würdest.

b) Chatnachricht: Schreibe eine Chatnachricht an einen Freund oder eine Freundin in die Vorlage. In der Nachricht sprichst du aus, warum du die Person schätzt, warum dir eure Freundschaft am Herzen liegt und warum die Person Teil deines sozialen Netzwerks ist.

M6 Zusatz: Daten und Metadaten in den sozialen Medien (1)

1 Im Internet gibt es allein dadurch, dass wir uns darin bewegen, eine Vielzahl von Daten (Informationen) über uns zu finden. Gemeinsam wollen wir ein kleines Experiment machen, um uns einen Überblick über die Situation zu verschaffen.

a) Beschreibe in Stichpunkten einen Tagesablauf, in dem du komplett auf das Internet und soziale Medien verzichtest. Markiere farbig, was sich ändern würde.

b) Lies den Text „Was dein Social-Media-Account alles über dich weiß" auf der nächsten Seite. Beschreibe, was du fühlst und denkst, wenn du den Text liest. Notiere deine Gefühle getrennt von den Gedanken. Formuliere die Gedanken in Fragen.

Gefühle	Gedanken

M6 Zusatz: Daten und Metadaten in den sozialen Medien (2)

Was dein Social-Media-Account alles über dich weiß

Danielas Account kann sprechen, was er uns wohl erzählt?

„Ich weiß recht viel über Daniela. Sie hat mich von Anfang an mit ganz vielen Daten und Informationen gefüttert und ich bin hungrig und sie füttert mich fleißig weiter. Das macht mich glücklich. Und auch die Programmierer, die unsere Plattform betreiben, freuen sich. Daniela hat am 13.4.2006 Geburtstag, sie folgt Ariana Grande und Billie Eilish, sie liebt Tiere und wohnt in Mannheim. Wer ihre besten Freunde sind und mit wem sie gerade Streit hat, weiß ich auch. Ich kann dir sogar sagen, wo sie sich am liebsten aufhält, denn die meisten Fotos, die sie hochlädt, enthalten Standortdaten.
Wenn man davon spricht! Gerade bekomme ich wieder ein neues Foto. Ein Foto von ihrem Pflegepferd Booster.

© MEV

Da werden sich die Reitartikelunternehmen freuen! Wenn sie das mitbekommen, zahlen sie vielleicht etwas mehr, damit wir ihre Werbung schalten. Denn durch die Vernetzung mit der Suchmaschine weiß ich, dass Daniela gerade öfter nach neuen Reitstiefeln sucht. Ich biete ihr also verschiedene Modelle an. Ob sie die wirklich braucht oder nicht, ist mir egal, denn ich bin einfach nur dafür geschaffen, ihre Daten zu sammeln und sie weiterzugeben. Ein Instrument, mit dem andere Geld machen. Ein etwas trauriges Dasein, aber immerhin eine Aufgabe. Ich habe Interesse an konkreten Daten, ihren Hobbys oder Musik, die sie toll findet. Aber auch Metadaten, wie ihr Standort, sind für mich interessant, da ich dadurch herausfinden kann, wo sie stehen bleibt oder wen sie vielleicht trifft. Durch die Interessen ihrer Bekannten kann ich vielleicht noch gezielter Werbung schalten.

Erwartungshorizont

M1 Serhat und Samuel sprechen über Freundschaft

1.
a) Serhat: eine Freundschaft sollte einem Streit standhalten, besser nur wenige „richtige" Freund*innen haben, mit ihnen über Probleme reden können, gegenseitig Fürsorge zeigen, Gedanken teilen

Samuel: viele Freund*innen haben = mehr Spaß, kein Stress durch Freundschaft, also auch keinen Streit ertragen, dann lieber die Freundschaft beenden

b) Beide Meinungen haben Aspekte, die für sich sprechen. Die Schüler*innen positionieren sich zu den positiven und negativen Aspekten der beiden Meinungen.

mögliche positive Aspekte bei Serhat: Probleme bereden können und einen Streit aushalten können → daran kann man für das ganze Leben und in anderen Bereichen wachsen
mögliche negative Aspekte bei Serhat: gemeinsame Interessen und Spaß sind nicht wichtig

mögliche positive Aspekte bei Samuel: Spaß und Unternehmungen, schöne gemeinsame Erlebnisse schenken Freude und festigen die Freundschaft
mögliche negative Aspekte bei Samuel: „Spaßlastigkeit" → die Vertrauensebene kommt zu kurz

2. *individuelle Lösungen*

M2 Über Freundschaft nachdenken

1.
a) Wichtige Informationen sind z. B.:
- Die Meinungen von Serhat und Samuel sind nicht neu. Sie waren schon unter den Denkern (Philosophen) der Antike verbreitet. (Z. 4f.)
- Die Vernetzung der Welt (Globalisierung) durch den Handel und das Internet macht die Menschen flexibler. (Z. 15f.)
- Umzüge oder Jobwechsel wirken herausfordernd für Freundschaften. Viele nutzen das Internet, um Freundschaften aufrechtzuerhalten. (Z. 16f.)

b) *individuelle Lösungen*

2. Freundschaft früher (ohne Internet) vs. heute (mit Internet)
- Freundschaften auf Distanz schwer zu halten (heute: leichter durch einfachere Kommunikationsmöglichkeiten ohne Post und trotz Zeitverschiebungen)
- keine Missverständnisse in Chats (heute: beim Schreiben fehlt der direkte Kontakt)
- mehr Verbindlichkeit bei Treffen (heute: plötzliches Absagen durch Kommunikationsmittel erleichtert)

M3 Mein Rezept für Freundschaft

1. Beispielrezept

Zutaten: Für eine gute Freundschaft nimmst du …
- 300 g Sympathie, sonst lernt man sich nicht gut kennen
- 250 g Fürsorge und Dasein füreinander (z. B. von der Marke „Zuhören")
- 200 g Freiraum, denn trifft man sich zu oft, hat man sich nichts mehr zu erzählen
- 200 g selbe Interessen, damit man gemeinsame Aktivitäten planen kann
- 200 ml Interesse aneinander, um gerne Zeit miteinander zu verbringen
- 150 g Verständnis und mindestens genauso viel Vertrauen, sonst bleibt es eine einseitige Angelegenheit
- 100 g Spaß und Lachen, damit es nicht langweilig wird
- eine Prise Humor für das gewisse Etwas

M4 Freundschaft in den sozialen Medien

1. Pro und Kontra – Social-Media-Accounts für Freundschaften nutzen

   mögliche Pro-Argumente (freundschaftsdienlich):
   - Kontakt halten (auch über Distanz)
   - Treffen ausmachen
   - einfach kommunizieren (über Interessen oder Probleme austauschen)

   mögliche Kontra-Argumente (freundschaftshinderlich)
   - Missverständnisse durch das Schreiben
   - soziale Medien nehmen viel Zeit in Anspruch, die man nicht live mit seinen Freund*innen verbringt

2. *individuelle Lösungen*

M5 Postvorlage/Chatvorlage

1.

a) Der Post könnte z. B. folgende Themen beinhalten:
   - Freundschaft ist lebensnotwendig und ich finde es klasse, dass ich hier mit euch allen vernetzt sein kann.
   - Freundschaft spielt sich hauptsächlich im realen Leben und nicht online ab.
   - Danke für eure Likes, eure Unterstützung und den Austausch hier!

b) Der Chat könnte z. B. folgende Themen beinhalten:
   - Ich bin froh, dass du mein Freund*meine Freundin bist.
   - Ich finde es schön, dass wir gemeinsame Hobbys haben.
   - Ich bin so froh, dass wir uns (online) kennengelernt haben!

M6 Zusatz: Daten und Metadaten in den sozialen Medien

1.

a) möglicher Tagesablauf ohne soziale Medien:
   - beim Aufstehen: kein Griff zum Smartphone → fehlende Motivation aufzustehen oder entspanntes stressfreies Aufstehen
   - eventuelles Problem im Laufe des Tages: ständiges Gefühl des Nicht-Informiert-Seins → Stress-Gefühle
   - eventueller Vorteil im Laufe des Tages: höhere Konzentrationsfähigkeit, die Umgebung wird deutlicher wahrgenommen
   - am Nachmittag/Abend: mehr Freizeit, mehr Zeit, um reale Freund*innen zu treffen
   - beim Schlafengehen: ebenfalls kein Griff zum Smartphone → ruhigeres und entspannteres Einschlafen

b) *individuelle Lösungen*

Cybermobbing

Methodisch-didaktische Hinweise

Klasse: 8/9	Dauer: 2 Unterrichtsstunden
Schwierigkeit: mittel	Material: M1 bis M7 (M4 kann als Alternative zu M3 verwendet werden), Metaplankarten, Magnete

Sachanalyse

Durch die Digitalisierung nutzen Jugendliche neue und vielfältige Arten der Kommunikation. Mobbing hat dadurch auch digitale Formen angenommen. In den Medien wird oft über die schlimmen Folgen von Cybermobbing berichtet. Die Stunde soll bei den Schüler*innen ein Bewusstsein dafür schaffen, wie sie sich im Internet bewegen und wie sie sich ggf. auch schützen können.

Lernziele

Die Schüler*innen …

- können erklären, was Werte sind.
- wissen, welche Auswirkungen Mobbing auf die betroffene Person haben kann.
- können erklären, was Unterschiede zwischen Mobbingformen (Face-to-Face-Mobbing und Cybermobbing) sind.
- reflektieren mittels eines eigenen Werterankings, was sie gegen Cybermobbing tun können.

Motivation

- Die Schüler*innen lesen gemeinsam die Anforderungssituation „Was würdest du tun …?“ (**M1**). Sie lösen die Aufgaben zum Text. Ohne Kommentare werden einige Lösungen zur Aufgabe 2 vorgetragen.
- In den Schüler*innen soll durch die Anforderungssituation zu Beginn der Stunde Empathie und Motivation geweckt werden. Die Schüler*innen kennen wahrscheinlich ähnliche Situationen aus ihrem Umfeld und sind daher gespannt, welche Handlungsmöglichkeiten sie haben, um ein lebensnahes Problem wie dieses zu lösen.

Erarbeitungsphase

- Die Schüler*innen lesen den Text „Was sind Werte?“ (**M2**) und bearbeiten im Anschluss die Aufgaben zum Text. Das Ganze wird in der Klasse besprochen, sodass die Schüler*innen dokumentieren können, was ethische Werte sind.
- Anhand von vier erfundenen Beispielgeschichten (**M3**) werden in Gruppen die Gemeinsamkeiten und Unterschiede von Face-to-Face-Mobbing und Cybermobbing erarbeitet sowie die Auswirkungen auf Mobbingopfer verdeutlicht. Ein anschließendes Gruppenpuzzle führt zu einem Austausch. Die Texte können die Schüler*innen emotional anrühren. Die Lehrkraft sollte darauf achten.
- Falls die Zeit nicht für das Gruppenpuzzle ausreicht, kann auch das Material „Unterschiede zwischen Face-to-Face-Mobbing und Cybermobbing“ (**M4**) anstelle von **M3** bearbeitet werden. Bei der Alternativaufgabe werden Begriffe zugeordnet.

Vertiefung/Transfer

- Die Schüler*innen reflektieren ihren ersten Handlungsimpuls zu Beginn der Stunde mithilfe des Arbeitsblattes „Und was würdest du nun tun …?“ (**M5**). Sie ordnen die Werte, die sie durch **M2** an der Tafel festgehalten haben, neu an. Die Schüler*innen formulieren auf der Grundlage des Gelernten einen konkreten Handlungsplan für die Anforderungssituation (**M1**) aus der Ich-Perspektive.
- Die dabei entstehenden Ergebnisse können in der Klasse vorgetragen und besprochen oder als eine Art Ausstellung ausgelegt werden. Dabei kann auch ein Wettbewerb für den „besten Lösungsvorschlag“ veranstaltet werden, indem man die Lösungsvorschläge (ohne Namen) nummeriert und die Schüler*innen abstimmen lässt.
- Die Zusatzmaterialien „Werte in den Religionen“ (**M6**) und „Tipps gegen Cybermobbing“ (**M7**) liefern einen konkreteren Bezug zur Religion und Aufgaben für den Unterricht im Computerraum.

M1 Was würdest du tun ...?

1 Lies den Text aufmerksam durch. Welche Gefühle kommen beim Lesen in dir hoch? Notiere nur für dich!

Du machst dir Sorgen um deine Mitschülerin Celina. Seit drei Jahren seid ihr in einer Klasse. Du hast nicht viel mit ihr zu tun, weißt aber, dass sie es in der Klasse nicht ganz leicht hat. Sie ist sehr schüchtern und ein bisschen in sich gekehrt. Du hast auch schon mal mitbekommen, wie in Gruppenchats abfällige Kommentare über sie geschrieben wurden. Bisher hast du das ignoriert. Doch jetzt kommt Celina schon seit über einer Woche nicht mehr zur Schule. Du bist beunruhigt.

In deiner Klasse gibt es ein anderes Mädchen namens Melanie. Mit ihr hast du privat keinen Kontakt. Du kennst aber einen Mitschüler aus ihrer Clique seit der Grundschule. Melanie behandelt Celina besonders schlecht. Warum das so ist, weißt du nicht. Oft kichert Melanie, wenn sie Celina anschaut oder sie nur vorbeiläuft, und beginnt mit ihrer Clique zu tuscheln. Außerdem fängt sie immer an Geräusche zu machen, wenn Celina im Unterricht aufgerufen wird.

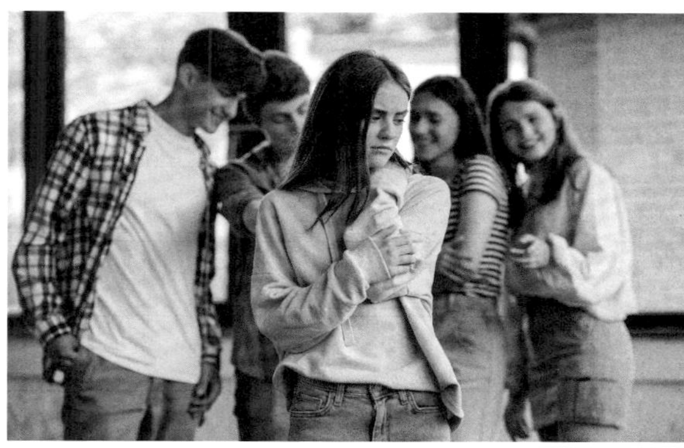

© LIGHTFIELD STUDIOS/stock.adobe.com

Mittlerweile hast du bei Celina eine große Unsicherheit bemerkt. Sie meldet sich zudem nicht mehr von sich aus im Unterricht. Du fragst dich, warum Celina schon so lange fehlt und fängst an zu recherchieren. Im Internet stößt du auf einen ganzen Blog zum Thema „Celina“, dort sind besonders viele Hasskommentare und Posts zu finden, die echt unter die Gürtellinie gehen. Du entdeckst Fotomontagen und noch viel mehr. Von den Lehrern scheint keiner genau zu wissen, was vor sich geht. Du fragst dich, wie du Celina helfen kannst, ohne selbst zum nächsten Mobbingopfer zu werden.

2 Beschreibe spontan in drei bis fünf ganzen Sätzen, was dein Handlungsplan wäre. Würdest du Celina helfen? Wenn ja, warum? Wenn nein, warum nicht? Lass das Feld rechts frei, um später etwas ergänzen zu können.

M2 Was sind Werte?

1 Lies den Text aufmerksam durch. Unterstreiche farbig im Text, was unter einem „ethischen Wert“ zu verstehen ist, und notiere selbst ein Beispiel für eine wertebasierte Entscheidung.

____

____

Der Begriff „Wert“ ist dir bestimmt schon öfter begegnet.
Das Auto hat einen beachtlichen Wert. Oder in Fragen: Ist es dir das wert, so viel zu trainieren und dafür die Schule und Freunde hintenanzustellen?
Im Auto-Beispiel geht es darum, dass der Preis des Autos hoch ist. Dies ist allerdings nicht die einzige Bedeutung des Begriffs „Wert“. Die oben gestellte Frage greift diese andere Bedeutung von „Wert“ auf. Denn hin und wieder musst du dich entscheiden. Das müssen wir alle, sowohl in großen als auch in kleinen Fragen des Lebens: Welche Jeans kaufst du? Gibst du die Freundschaft schweren Herzens auf?
Die Werte, die dir wichtig sind, beeinflussen diese Entscheidungen. Sie sind dann sozusagen Richtlinien oder Leitvorstellungen.
Wenn dir die Werte „Vertrauen“ und „Verständnis“ wichtig sind und eine Freundin z. B. schon zweimal Geheimnisse von dir weitererzählt hat und sie deine Enttäuschung darüber nicht versteht, wirst du dich wahrscheinlich gegen diese Freundschaft entscheiden.
Werte können materieller Art oder immaterieller Art sein. Materielle Werte sind z. B. ein Haus, ein Smartphone oder ein Fahrrad. Zu den immateriellen Werten zählen unter anderem Familie, Freundschaft und wie vorhin erwähnt Vertrauen, Verständnis oder auch Ehrlichkeit. Wenn ich z. B. ein Konto bei einer Bank eröffnen will und mir Vertrauen ein wichtigerer Wert ist als der Wert „finanzielle Vorteile“, entscheide ich mich eher für die Bank, in der mein Freund arbeitet, dem ich vertraue, als für die Bank mit dem vermeintlich besseren Angebot. Dies ist eine wertebasierte Entscheidung.

2 a) Partnerarbeit: Welchen spontanen Handlungsplan habt ihr euch für eure Situation mit Celina überlegt? Tragt euch gegenseitig eure Handlungspläne vor (Aufgabe 2, M1). Überlegt, welche Werte hinter eurem spontanen Handlungsplan stecken. Notiert diese Werte in dem freien Feld rechts von eurem Plan.

Ein Beispiel könnte hier sein: Ich würde mich selbst nicht einmischen, aber einer Lehrerin Bescheid geben. → Wert: Selbstschutz

b) Gruppenarbeit: Bildet eine Gruppe mit einem anderen Paar und haltet eure Werte auf Metaplankarten fest.

c) Sammelt eure Werte in der Klasse und heftet sie mit Magneten an die Tafel. Diskutiert in der Klasse, welche drei Werte die wichtigsten sein sollten. Führt eine Abstimmung per Handzeichen durch.

M3 Face-to-Face-Mobbing und Cybermobbing (1)

1 Gruppenarbeit: Findet euch in Vierergruppen zusammen. Jeder liest nun einen Bericht. Zwei erzählen von Face-to-Face-Mobbing und zwei von Cybermobbing.

a) Tragt in eurem Feld der Placemat die Auswirkungen des Mobbings ein, die euer Text aufzeigt.
b) Besprecht die vier Felder der Placemat und tragt in der Mitte Gemeinsamkeiten und Unterschiede von Face-to-Face-Mobbing und Cybermobbing ein.
c) Besprecht die Ergebnisse in der Klasse.

Leas Problem

Lea ist 13 Jahre alt und besucht die 8. Klasse einer Gesamtschule. Seit der 5. Klasse ist sie mit Isabella befreundet. Lea ist eher ruhig und schüchtern. Sie hat wenig Freunde, ist damit aber total zufrieden. Isabella ist sehr offen und hat einen größeren Bekanntenkreis.

Seit Kurzem unternimmt Isabella viel mit Daniel, einem Jungen aus der 9. Klasse. Daniel findet Lea uncool. Er manipuliert Isabella so lange, bis sie Lea wegen allem kritisiert und Abstand von ihr nimmt. Daniel setzt zudem Gerüchte über Lea in die Welt. Lea weiß gar nicht, was los ist. Die meisten gehen ihr aus dem Weg. Sie merkt, dass über sie getuschelt wird, aber traut sich nicht, mit jemandem darüber zu reden. Lea hat keine Freunde mehr in der Klasse, ihre schulischen Leistungen lassen nach und schließlich bekommt sie sogar Schulangst. Es dauert lange, bis es Lea wieder besser geht. Ein Jahr kann sie nicht mehr zur Schule gehen. Schließlich macht Lea eine Therapie und fängt in einer anderen Schule neu an.

Die Videos

Freddy ist 16 Jahre alt und scherzt mit seinen Kumpels nach dem Fußballtraining in der Umkleidekabine herum. Sie nehmen Videos auf. In den Videos machen sie alberne Furz- und Stöhngeräusche. Am Wochenende darauf findet die Geburtstagsfeier eines Teamkameraden statt. Einige Jungs trinken zu viel Bier und beginnen herumzualbern. Einige, darunter auch Freddy, zeigen ihren Hintern. Andreas hält wieder alles auf Video fest. Zwei Wochen passiert nichts. Nachdem die Mannschaft im nächsten Training die neue Aufstellung bekommt, ändert sich alles.

Andreas ist enttäuscht, weil Freddy auf seiner Position spielen soll. Er schickt allen die peinlichen Videos. Als Freddy das mitbekommt und auch sein Schwarm Emma sich über ihn lustig macht, ist er am Ende. Die Videos verteilen sich schnell. Freddy würde am liebsten gar nicht mehr auf die Straße gehen. Wie sollen die Videos jemals verschwinden? Das Internet vergisst bekanntlich nichts. Er erhält immer wieder fotomontierte Videos und Bilder auf seine Accounts gepostet. Soll er alle Accounts löschen? Die Nummern blockieren? Und die User den Plattformen melden?

Schließlich landet Andreas vor Gericht, weil Freddy ihn wegen des Rechts am eigenen Bild anzeigt. Andreas hat damit seinen höchstvertraulichen Lebensbereich verletzt. Zudem sucht Freddy Hilfe bei einer Beratungsstelle im Umgang mit der Situation. Es ist noch unklar, ob er den Schulabschluss in diesem Jahr machen kann.

M3 Face-to-Face-Mobbing und Cybermobbing (2)

In der Kur

Dilara ist 16 Jahre alt und befindet sich derzeit in einer Reha-Kur. Langsam fasst sie wieder Vertrauen zu anderen Menschen. In den vergangenen zwei Jahren hat Dilara viel unter Cybermobbing gelitten. Angefangen hat es mit dem sogenannten Flaming. Bei Flaming geht es um Beschimpfungen im Netz. Erst ging es über eine App los. Dilara kannte die Nummer nicht, von der die Beschimpfungen kamen.

Zudem wurde ein Blog erstellt, auf dem Fotomontagen von Bildern zu finden waren, die Dilara im Netz veröffentlicht hatte. Sie bekam eines Tages einen Link zu dieser Seite. Auf einem Social-Media-Account ging eine Hetzkampagne gegen sie los. Einer neidischen Klassenkameradin kam das gerade recht. Sie machte den Account in der Schule bekannt, ebenso den Link zur Fotomontageseite. Schließlich wurde sogar Dilaras eigener Account gehackt. Der Täter begann, in Dilaras Namen ihre Freunde zu beleidigen.

Eine Riesenwelle wurde losgetreten, die Dilara jede Perspektive nahm. Ihre Freunde wendeten sich von ihr ab und sie musste die Schule wechseln. Aber auch dort bekam jemand Wind von ihrer Vergangenheit und so fand sie eines Tages eine der Fotomontagen am schwarzen Brett. Sie konnte sich der Sache nirgends entziehen. Sobald sie ihr Handy anschaltete, kamen neue Nachrichten mit Hasskommentaren. Bis heute hat man nicht herausgefunden, wer damit angefangen hat und warum. Zum Schluss konnte Dilara nicht mehr. Sie spielte mit dem Gedanken, ihr Leben zu beenden, und musste in eine Psychiatrie gebracht werden. Langsam kämpft sie sich ins Leben zurück.

Innere Anspannung

Ben ist heute 25 Jahre alt. Vor Kurzem hat er sein Studium beendet und ist jetzt auf Jobsuche. Situationen mit neuen Menschen verunsichern ihn, besonders wenn er sich gut präsentieren soll, wie in einem Bewerbungsgespräch. Ben arbeitet intensiv an diesen Schwierigkeiten und an seinem Selbstwertgefühl. Er ist in einer liebevollen Familie aufgewachsen, die aber nicht verhindern konnte, dass es zwischen seinem 10. und 13. Lebensjahr bis zu einem Umzug zu massivem Mobbing in der Schule kam.

Seine Mitschüler haben ihn heftig gehänselt, als er eine Brille bekam. Noch dazu war Ben zum damaligen Zeitpunkt kleiner und schmächtiger als die anderen. Er hatte eine schwere Zeit und zu den Beleidigungen gab es hin und wieder sogar Schläge in der Schule. Ben wollte schon gar nicht mehr hin, allerdings hatte er sich damals so dafür geschämt, dass er sich keinem Erwachsenen anvertraut hat. Seine Eltern erfuhren erst später davon, als Ben nach dem Umzug auflebte. Die damalige Zeit hat er nur überstanden, weil er seinen Hund, ein gutes Zuhause und seine Volleyballmannschaft im zehn Kilometer entfernten Ort hatte. Dort war keiner aus der Schule.

Ein Erbe aus der damaligen Zeit bleibt aber bis heute. Ben hat manchmal ein geringes Selbstwertgefühl und dadurch Angst, an sich zu glauben und in Situationen wie Prüfungen und Bewerbungsgesprächen zu versagen. Deshalb hatte er nicht nur einmal ein Blackout und musste die Prüfungen wiederholen.

M3 Face-to-Face-Mobbing und Cybermobbing (3)

Placemat

Die Videos

Innere Anspannung

Gemeinsamkeiten und Unterschiede

Leas Problem

In der Kur

M4 Unterschiede zwischen Face-to-Face-Mobbing und Cybermobbing

1 a) Verbinde die Wörter/Sätze mit dem Kreis, zu dem sie gehören! Einige Wörter treffen auf beide Formen des Mobbings zu. Verbinde sie mit beiden Kreisen.

b) Unterstreiche die Begriffe mit unterschiedlichen Farben. Nutze rot, um Folgen für das Mobbingopfer zu unterstreichen, und blau, um Folgen für die Täter zu unterstreichen.

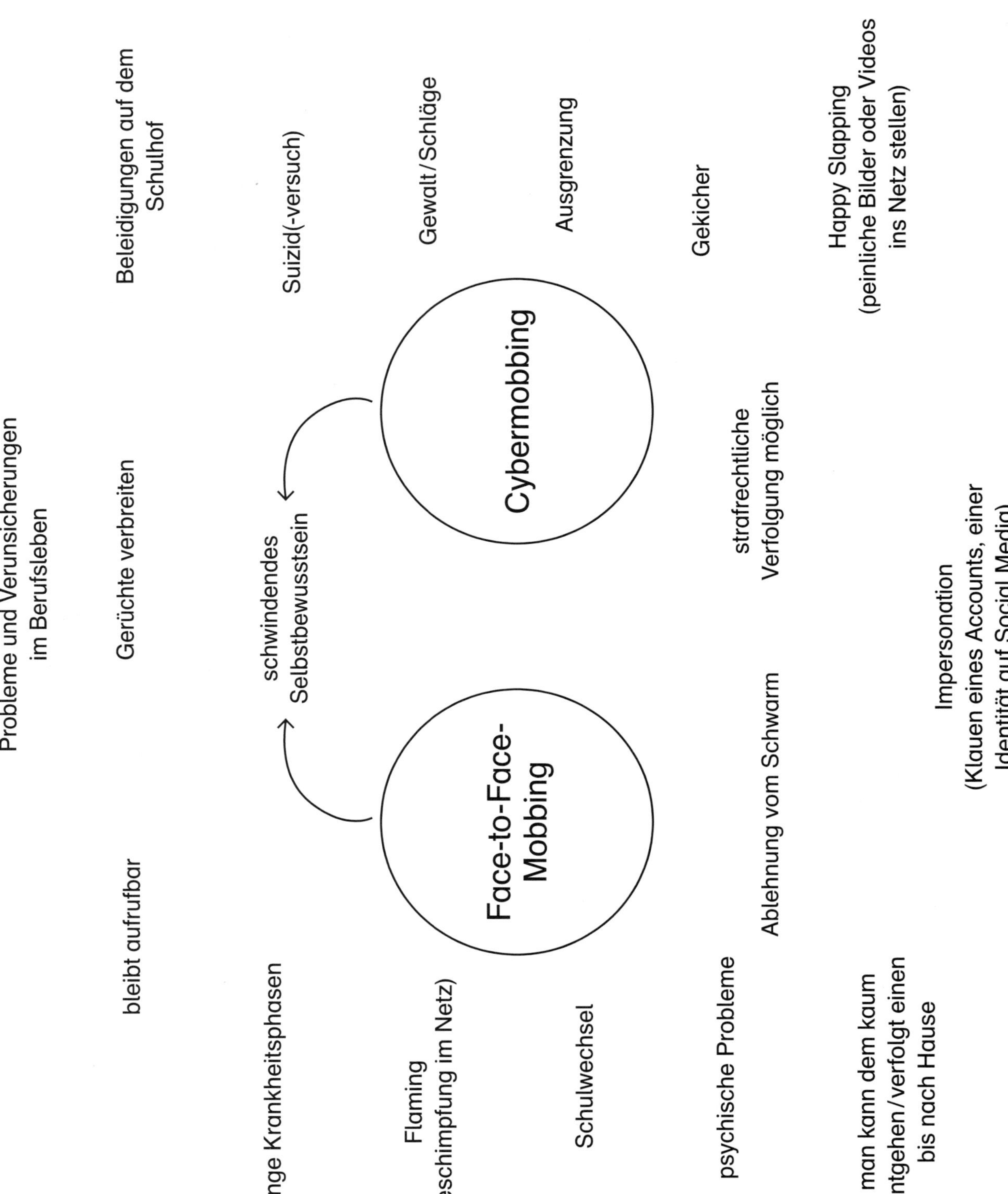

M5 Und was würdest du nun tun …?

1 a) Jetzt weißt du mehr über Mobbingfolgen und hast die Unterschiede zwischen Cybermobbing und Face-to-Face-Mobbing erarbeitet. Überlege erst selbstständig einige Minuten und diskutiere anschließend in der Klasse, ob ihr etwas an eurem gemeinsamen Werteranking an der Tafel ändern würdet.

b) Begründe und erkläre in der Sprechblase, was jetzt nach dieser Stunde dein Handlungsplan für die Situation mit Celina wäre. Benenne dabei auch die drei Werte, die dir dabei am wichtigsten sind, und markiere sie grün. Schreibe den Plan so, als würdest du ihn einem Familienmitglied erklären (Ich-Perspektive).

M6 Zusatz: Werte in den Religionen

1 Sieh dir die nachfolgenden Werte an, die aus unterschiedlichen Religionen stammen. Begründe, welche(r) aus deiner Sicht bei der Thematik Cybermobbing Beachtung finden sollte.

Werte aus den Religionen

1. Das fünfte Gebot aus den Zehn Geboten des Juden- und Christentums lautet: „Du sollst nicht töten." Der Wert ist hier der „**Schutz des Lebens**" (auch Recht auf Unversehrtheit).
2. Der Hinduismus vertritt den Wert der **Gewaltlosigkeit**.
3. Der Islam betont, dass man **keinem anderen Schaden** zufügen soll und dass die Absicht einer Handlung zählt.
4. Für die Bahai muss Religion dazu beitragen, dass unter den Menschen **Einigkeit und Harmonie** herrschen.
5. Im Buddhismus sind **Wahrheit** (nicht lügen) und „**heilsame Rede**" von Bedeutung.

M7 Zusatz: Tipps gegen Cybermobbing

1 Sieh dir das folgende Video an und mach dir Notizen zu den folgenden Aufgaben in dein Heft.

a) Arbeite heraus, was die Eigenschaften von Cybermobbing sind, die im Film besonders betont werden.

b) Beschreibe zwei Tipps, die im Film gegeben werden, um mit einer Cybermobbingsituation umzugehen.

c) Welcher dieser Tipps ist deiner Meinung nach besonders sinnvoll? Erkläre!

Erwartungshorizont

M1 Was würdest du tun …?

1. Die Schüler*innen notieren Gefühle und behalten diese für sich. Wer will, kann jedoch etwas dazu sagen. Gefühle, die darauf hindeuten können, dass die Anforderungssituation als didaktischer und motivierender Türöffner funktioniert hat, sind: Trauer, Sorge, Angst, Unsicherheit …

2. Es können spontan Handlungsideen geäußert werden, wie z. B.:
   - Ich würde eine Lehrkraft miteinbeziehen und sie auf das Cybermobbing und die anderen Aktionen aufmerksam machen, denn sonst bleibt das ganze Klassenklima schlecht.
   - Ich würde Celina anrufen und fragen, wie es ihr geht, und ihr zeigen, dass sie nicht allein ist.
   - Ich würde mich nicht einmischen, weil das zu gefährlich ist.

M2 Was sind Werte?

1. Unterstrichen werden sollte:
   - Die Werte, die dir wichtig sind, beeinflussen diese Entscheidungen. Sie sind dann sozusagen Richtlinien oder Leitvorstellungen. (Z. 9f.)
   - Werte können materieller Art oder immaterieller Art sein. (Z. 14)

   Eine wertebasierte Entscheidung könnte sein:
   - Ich esse vegetarisch, weil mir das Tierwohl (Wert) wichtiger ist als der Genuss von Fleisch (Wert).

2.

a) Werte, die hinter dem spontanen Handlungsplan stecken könnten, sind z. B. Hilfsbereitschaft/Solidarität, Vertrauen in die Lehrkraft, Selbstschutz, Klassengemeinschaft …

b) *individuelle Lösungen*

c) *individuelle Lösungen*

M3 Face-to-Face-Mobbing und Cybermobbing

1.

a)

Auswirkungen von Face-to-Face-Mobbing (Leas Problem)	Auswirkungen von Cybermobbing (Die Videos)
• Ausgrenzung erst im Kleinen, dann im Großen • Freundschaften sind zerstört • schlechte schulische Leistungen • Schulangst • Therapie	• blamiert vor dem Schwarm • Scham, auf die Straße zu gehen • die Verbreitung der Videos kann nicht kontrolliert/gestoppt werden • Posts verfolgen ihn bis nach Hause • alles vor Gericht noch mal durchleben • Aufsuchen einer Beratungsstelle • Unklarheit über Zeitpunkt des Schulabschlusses
Auswirkungen von Cybermobbing (In der Kur) • Opfer kann nur schwer Vertrauen fassen • zerstörte Freundschaften • öffentliche Diffamierung im Internet • Opfer kann sich nie entziehen • Depressionen und Suizidgedanken • lange Krankheitsphase • Psychiatrie	Auswirkungen von Face-to-Face-Mobbing (Innere Anspannung) • lange danach noch Probleme mit dem Selbstbewusstsein • Scham • Vertrauensprobleme • Prüfungsängste • Wiederholen von Prüfungen

b) mögliche Gemeinsamkeiten:
psychische Probleme, Leistungsprobleme, Vertrauensprobleme

mögliche Unterschiede:
Cybermobbing verfolgt einen bis nach Hause, aus dem Internet kann nichts mehr entfernt werden

c) *individuelle Lösungen*

M4 Unterschiede zwischen Face-to-Face-Mobbing und Cybermobbing

1.
a) Wörter/Sätze, die mit Cybermobbing verbunden werden: Flaming (Beschimpfung im Netz), bleibt aufrufbar, man kann dem kaum entgehen/verfolgt einen bis nach Hause, Happy Slapping (peinliche Bilder oder Videos ins Netz stellen), Impersonation (Klauen eines Accounts, einer Identität auf Social Media)

Wörter/Sätze, die mit Face-to-Face-Mobbing verbunden werden: Gewalt/Schläge, Gekicher, Beleidigungen auf dem Schulhof

Wörter/Sätze, die mit beiden Mobbingformen verbunden werden: schwindendes Selbstbewusstsein, psychische Probleme, Suizid(-versuch), Probleme und Verunsicherungen im Berufsleben, Schulwechsel, lange Krankheitsphasen, Ausgrenzung, Ablehnung vom Schwarm, strafrechtliche Verfolgung möglich, Gerüchte verbreiten

b) Folgen für das Opfer: schwindendes Selbstbewusstsein, psychische Probleme, Suizid(-versuch), Probleme und Verunsicherungen im Berufsleben, Schulwechsel, lange Krankheitsphasen, Ausgrenzung, Ablehnung vom Schwarm

Folgen für den*die Täter*in: strafrechtliche Verfolgung möglich

M5 Und was würdest du nun tun …?

1.
a) *individuelle Lösungen*

b) *individuelle Lösungen*

M6 Zusatz: Werte in den Religionen

1. *individuelle Lösungen*

M7 Zusatz: Tipps gegen Cybermobbing

1.
a) Merkmale von Cybermobbing, die im Film betont werden:
- Beleidigungen hören nicht mehr auf
- auf allen Plattformen (Instagram, Snapchat, Facebook …)
- es geht bis nach Hause ins eigene Zimmer (Handy als soziales Medium)
- Täter*innen meist unbekannt, deshalb trauen sie sich das (Anonymität)
- Täter*innen bauen Frust ab/wollen ein Machtgefühl erhalten, es gibt auch „Mitläufer*innen"
- beginnt im Kleinen und kann dann riesig werden und sich ausweiten

b) Tipps gegen Cybermobbing aus dem Film:
- als Betroffene*r soll man sich jemandem anvertrauen
- als Freund*in dagegenhalten, damit die Täter*innen sehen, dass das Opfer nicht allein ist
- als Betroffene*r nichts dagegen schreiben, weil es sonst schlimmer werden kann
- den Erwachsenen im Umfeld sagen, was passiert
- zur Polizei gehen, da oft Straftaten, wie Beleidigung oder Nötigung, vorliegen
- für die Strafverfolgung: Beweise sammeln

c) *individuelle Lösungen*

Influencer

Methodisch-didaktische Hinweise	
Klasse: 8/9	Dauer: 2 bis 3 Unterrichtsstunden
Schwierigkeit: leicht/mittel	Material: M1 bis M6

Sachanalyse

Influencer*innen haben einen großen Einfluss auf Jugendliche. „Folgt" man diesen Influencer*innen im Netz, wird man zu einem*einer Follower*in. Diese Tatsache bringt Unternehmen dazu, Werbung bei den Influencer*innen zu platzieren. Es geht um Geld und Profit. Die Influencer*innen werden zu einer Art Ikone. Diese Stunde widmet sich den Vor- und Nachteilen dieser Entwicklung.

Lernziele

Die Schüler*innen …

- können erklären, was Influencer*innen, Blogs und Podcasts sind.
- reflektieren, wovon sie sich beeinflussen lassen.
- lernen Chancen und Gefahren von Manipulation im Internet kennen.
- reflektieren, wofür sie sich einsetzen wollen und für was Jesus einstand.

Motivation

- Die Schüler*innen überlegen anhand der Reflexionsscheibe (**M1**), wodurch sie in ihrem alltäglichen Handeln beeinflusst werden. Ein Gespräch im Plenum schließt sich an.
- Wichtige Aspekte/Fragen, die sich aus dem Gespräch ergeben, können an der Tafel festgehalten werden.

Erarbeitungsphase

- Der Einfluss des Internets wird spezifisch vertieft. Im Zweierteam wird anhand eines Interviews (**M2**) ein Blick auf Influencer*innen geworfen. Die Ergebnisse bleiben bei den Partner*innen und werden selbstständig notiert.
- Beim Arbeitsblatt „Blogs, Podcasts und Influencer" (**M3**) werden zunächst Dreiergruppen gebildet. Innerhalb der Dreiergruppen werden die Textabschnitte jeweils von einem*einer Schüler*in gelesen. Im Anschluss erarbeitet das Team gemeinsam Definitionen zu den Begriffen Blog, Podcast und Influencer*in. Dann folgt ein Vergleich der Ergebnisse im Plenum.
- Die Schüler*innen finden sich wieder in ihren Dreiergruppen zusammen. Die Lehrkraft teilt jeder Gruppe eine Rollenkarte (**M4**) aus. Es gibt vier Rollenkarten, d. h. dass jede Rolle mehrfach vergeben wird.
- Hier bieten sich nun zwei verschiedene Einsatzszenarien an:
  - *zeitintensive Variante:* Die Schüler*innen erstellen anhand ihrer Rollenkarte abhängig von den technischen Möglichkeiten selbst einen Podcast.
  - *zeitsparende Variante:* Die Schüler*innen arbeiten aus ihrer Rollenkarte heraus, welche Chancen und Gefahren durch Influencer*innen entstehen.

  Hinweis: Wählen Sie als Lehrkraft das passende Szenario für Ihre Stunde und teilen Sie den Schüler*innen die entsprechenden Aufgaben aus. Die zeitintensive Variante ist mit zwei Sanduhren gekennzeichnet, die zeitsparende mit einer.
- Die Ergebnisse werden präsentiert.
- Anschließend werden Chancen und Gefahren, z. B. im Plenum, in einer Tabelle notiert, welche die Schüler*innen in einem kurzen Austausch zuvor in Kleingruppen oder einer Partner*innenarbeit besprechen. Mittels einer Punktebewertung/Onlineabfrage können die Schüler*innen Punkte verteilen, welche Gefahr ihnen am schwerwiegendsten erscheint. Über das Ergebnis kann mit der Klasse gesprochen werden.

Vertiefung/Transfer

- Das Zusatzmaterial „Jesus als Influencer" (**M5**) liefert einen konkreten Bezug zur Religion. Mit dem Zusatzmaterial „Ich als Influencer" (**M6**) erarbeiten die Schüler*innen ein eigenes Influencer-Profil.

M1 Reflexionsscheibe

1 Vieles beeinflusst uns und unser Handeln. Gehe in dich und denke darüber nach, was Einfluss auf deine Meinung und dein Handeln nimmt.
Sieh dir die Zielscheibe an und bewerte, wie sehr dich die einzelnen Punkte am Rand auf einer Skala von 1 bis 5 beeinflussen (1 = beeinflusst mich nicht, 5 = beeinflusst mich sehr). Male immer das entsprechende Feld auf der Skala aus, das am ehesten auf dich zutrifft.

Wirst du z. B. von deinen Freunden sehr beeinflusst, malst du das äußerste Feld unter dem Begriff „Freunde" aus. Wirst du von Werbung nicht beeinflusst, malst du das Feld unter „Werbung" aus, welches am weitesten im Kreisinneren liegt.

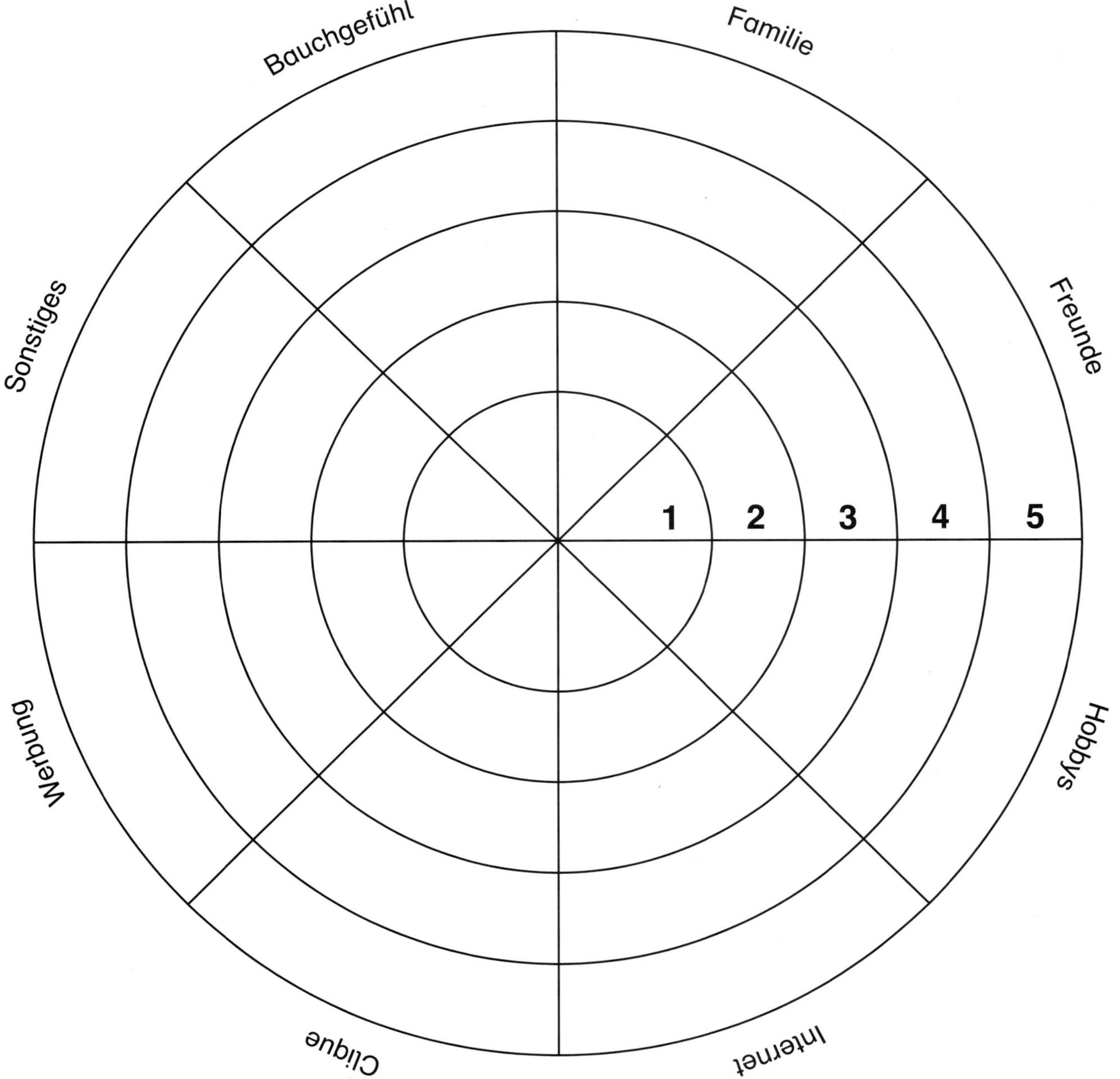

M2 Jugendliche im Internet

1 Partnerarbeit: Stell dir vor, deine Klasse wäre Teil einer Studie zum Thema „Jugendliche im Internet". Dazu seid ihr aufgefordert, diesen Fragebogen auszufüllen. Arbeitet im Zweierteam und interviewt jeweils euren Partner.

Frage	Antwort des Partners in Stichworten
Gibt es Internetseiten oder Social-Media-Plattformen, auf denen du dich viel aufhältst? Welche sind das?	
Was auf dieser Seite/diesen Seiten findest du besonders spannend?	
Gibt es bestimmte Blogs, Influencer oder Podcasts, die du gerne anschaust oder hörst? Welche sind das? Und warum findest du gerade diese gut?	
Wie schätzt du die Situation ein? Beeinflussen dich die Internetseiten in deinen alltäglichen Entscheidungen? (Wähle eine Zahl auf der Skala von 1 bis 5; 1 = gar nicht, 5 = sehr.) Liefere auch eine kurze Begründung.	
Wie schätzt du die Situation ein? Beeinflussen dich die Internetseiten in deiner Meinung? (Wähle eine Zahl auf der Skala von 1 bis 5; 1 = gar nicht, 5 = sehr.) Liefere auch eine kurze Begründung.	
Formuliere zwei Fragen zum Thema „Influencer".	
Verwundert dich etwas beim Nachdenken über dieses Thema? Erkläre.	

M3 Blogs, Podcasts und Influencer

1 Gruppenarbeit: Bildet Gruppen mit je drei Personen. Jeder liest einen Textabschnitt.

a) Streicht wichtige Informationen in eurem Textabschnitt farbig an.
b) Erklärt euch anschließend den Inhalt gegenseitig.
c) Erstellt gemeinsam Definitionen zu den folgenden drei Begriffen: Blog, Podcast und Influencer.

Hast du schon einmal Tagebuch geschrieben? Falls nicht, kannst du dir sicher dennoch etwas darunter vorstellen. Im Grunde genommen ist ein Tagebuch vergleichbar mit einem Blog. Der sogenannte Blogger hält seine Gedanken allerdings nicht geheim in einem Tagebuch fest. Er stellt sie öffentlich auf seinen Blog (seine Internetseite). Eigentlich ist jeder mit einem Social-Media-Account, z. B. bei Instagram oder Facebook, ein Blogger. Viele User der Plattformen setzen Alltägliches in ihren Status. Viele Blogs sind aber auch Reiseberichte oder beschäftigen sich mit Themen wie Fitness oder Beauty. Ihre Inhalte haben also mehr damit zu tun, was Menschen ausprobieren und empfehlen können. Einen Blog kann man besuchen und dem Autor folgen und ihn liken.

Gibt es eine TV-Serie, die du gerne schaust? Ein Video- oder Audio-Podcast ist etwas ganz Ähnliches. Im Unterschied zu einer Serie, die zu einer bestimmten Uhrzeit auf Sendung geht, hat ein Podcast keine festgelegte Uhrzeit. Man kann ihn abspielen oder hören, wann man möchte. Der Podcast unterscheidet sich zudem von einzelnen Video- bzw. Audiodateien, die heruntergeladen werden können, dadurch, dass er eine ganze Reihe von Folgen hat, die zusammengehören, ähnlich wie bei einer TV-Serie. Ein Podcast beschäftigt sich meist mit einem bestimmten Thema, z. B. mit Hobbys, Haushaltsproblemen, Politik, Sport u. v. m. Podcasts kann man bei verschiedenen Anbietern abonnieren.

Gibt es eine Person, deren Gedanken und Ideen du besonders gerne hörst? Der Begriff „Influencer" kommt aus dem Englischen von „to influence", was so viel bedeutet wie „beeinflussen". Jeder Influencer hat einen Blog, ein Social-Media-Profil oder einen Kanal auf einer Video-Plattform. Influencer veröffentlichen (posten) Bilder, Texte oder kleine Filme (alles zusammen wird Content genannt) zu ihrem Thema. Themen können z. B. Reisen, Restaurants oder Musik sein. Durch das Internet hat die Meinung eines Influencers große Reichweite. Diese Meinung ist interessant bzw. sogar wichtig für die Follower (Abonnenten) der jeweiligen Influencer. Angeblich ist jeder elfte Deutsche mit seinen Bewertungen und Likes auf Social Media oder im Netz ein „Meinungsmacher". Dieser Art von Influencern stehen diejenigen gegenüber, die mit Werbung und Produkttests Geld verdienen. Sie haben heutzutage einen festen Platz in der Verkaufsstrategie von Unternehmen.

M4 Rollenkarten: Influencer (1)

1 Gruppenarbeit: Findet euch wieder in euren Dreiergruppen zusammen und lest euch eure Rollenkarte genau durch. Erstellt gemeinsam eine Podcast-Folge zu eurem Influencer. Beachtet dabei folgende Punkte:

- Erstellt zunächst ein kurzes Skript für den Podcast. Beachtet dabei die Informationen auf eurer Rollenkarte.
- Denkt auch über die Situation nach, in der der Podcast aufgenommen wird: Ist euer Influencer allein oder hat er Gäste eingeladen, die im Podcast ebenfalls zu Wort kommen?
- Gliedert euren Podcast in einen Anfang, einen Hauptteil und einen Schluss. Zu Beginn macht ihr euch für die Zuhörer z. B. mit einer Aussage interessant, darauf folgt der für euch wichtige Inhalt und schließlich endet ihr mit einem Statement oder Abschiedssatz.

Den Podcast könnt ihr selbst aufnehmen (z. B. mit dem Smartphone) oder ihr notiert den Ablauf und spielt euer Ergebnis anschließend der Klasse vor.

1 Gruppenarbeit: Findet euch wieder in euren Dreiergruppen zusammen und lest euch eure Rollenkarte genau durch. Überlegt auf ihrer Grundlage gemeinsam, welche Chancen und Gefahren von Influencern ausgehen. Notiert euch die Ergebnisse und besprecht eure Notizen anschließend mit der Klasse.

Chancen	Gefahren

M4 Rollenkarten: Influencer (2)

Willkommen auf dem Blog von **Sarabeauty**!

Ich mache dich schön und beliebt! Make-up und wilde Frisuren ziehen mich schon lange an. Hier in meinem Blog kannst du erfahren, wie du das Beste aus dir herausholst und so zum Blickfang in der Schule und auf jeder Party wirst!

➪ Klicke hier, wenn du mehr über mein Make-up erfahren willst.

➪ Klicke hier, wenn du dich dafür interessierst, Pickel loszuwerden – mit Erfolgsgarantie!

➪ Klicke hier, wenn du Partyfrisuren mithilfe der Produkte von Tetto machen möchtest. Tetto zeigt dir, wie du die schönste Frisur von allen machen kannst, ganz ohne Friseur! Sieh nur mal das neue Glätteisen und die Ergebnisse an.

Reyno Weisse ist 36 Jahre alt und setzt sich für Menschenrechte ein.

Er hat Literatur und Politik studiert und arbeitet seit Jahren als freier Journalist. Er schreibt für verschiedene Zeitschriften, die sich mit Politik beschäftigen.

Seit einer Weile hat er sich auf Menschenrechte spezialisiert. Er taucht überall in Deutschland auf, wo gegen Menschenrechte verstoßen wird. Zudem informiert er auch über Menschenrechtsverletzungen in anderen Ländern, in denen Menschen gefoltert oder diskriminiert werden.

Erst neulich hat er über den Fall einer jungen Frau berichtet, die wegen ihres Migrationshintergrunds einen Ausbildungsplatz nicht bekommen hat.

Reyno ist schon ziemlich berühmt. Auf YouTube ist er bereits sehr bekannt und hat eine große Reichweite, das heißt eine Menge Follower.

Durch die vielen Klicks bekommt er ständig neue Angebote von Unternehmen, die ihre Werbung in seinen Beiträgen integrieren wollen.

M4 Rollenkarten: Influencer (3)

Game#hero ist 18 Jahre alt und gibt ihren realen Namen nicht preis. Sie probiert regelmäßig Spiele aus und stellt sie auf YouTube vor.

In bekannten Onlinerollenspielen hat Game#hero sich schon einen Namen gemacht.

Game#hero kennt sich mit vielen Spielen sehr gut aus und wenn Freunde sie fragen, dann hat sie auch stets die passende Idee, welches Spiel wem gefallen könnte. Und meist trifft sie genau ins Schwarze.

Sie überlegt schon lange, ob es nicht gut wäre, einen Podcast zu erstellen und mithilfe von Werbeeinahmen ein bisschen Geld zu verdienen.

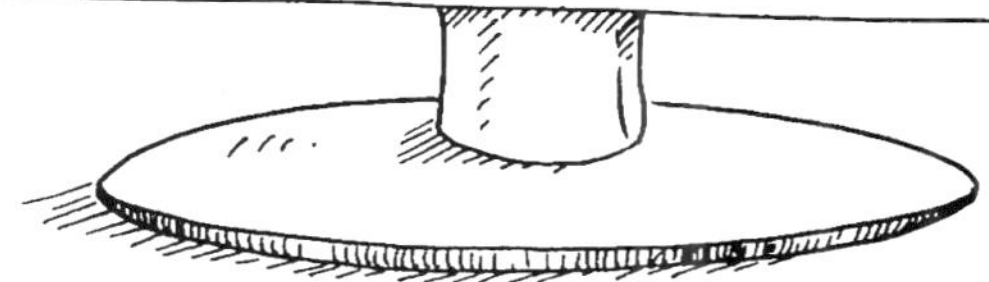

Ich, **#verbacken**, bin 20 Jahre alt und gelernter Konditor. Kuchen sind meine Leidenschaft.

Du möchtest gesund backen, leidest an Unverträglichkeiten oder willst das Ganze vegan zubereiten?

Dann bist du hier bei mir richtig!

Die Mehlsorten des Anbieters Glümer sind gesünder und nährstoffreicher als alle anderen. Zudem verwende ich viel Gemüse, wie z. B. Möhren und Zucchini, die machen meine Kuchen so wunderbar saftig!

In meinen Kuchen kommt ausschließlich Bio-Gemüse. Damit wird er luftig und frisch und ist auf jeder Party der Knaller!

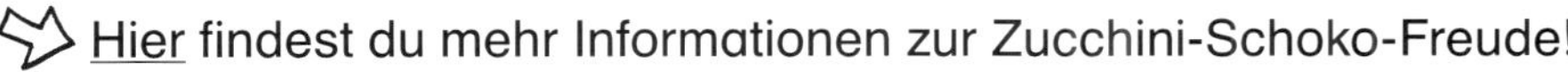

➪ Hier findest du mehr Informationen zur Zucchini-Schoko-Freude!

Natürlich gebe ich dir auch Infos dazu, wo du die besten Backutensilien bekommst.

➪ Hier findest du mehr Informationen zu den Küchenprodukten von Sieglaar.

M5 Zusatz: Jesus als Influencer

1 Überlege, welche Art von Podcast Jesus heute machen würde. Was hätte er zu sagen? Wofür würde er Follower bekommen? Würde er Werbeeinahmen annehmen? Sieh dir die Informationen in dem Kasten an und mache dir anschließend Notizen zu einem möglichen Podcast von Jesus in dein Heft.

In der Bibel hält Jesus (damals etwa 31 Jahre alt) eine Art große Rede, die Bergpredigt. Darin sagt er z. B.:

5 Glücklich sind, die auf Frieden bedacht sind, denn sie werden die ganze Erde besitzen.

6 Glücklich sind, die Hunger und Durst nach Gerechtigkeit haben, denn sie sollen satt werden.

[…]

9 Glücklich sind, die Frieden stiften, denn Gott wird sie seine Kinder nennen.

(Matthäus 5,5–9, Hoffnung für alle)

M6 Zusatz: Ich als Influencer

1 Wie wärst du selbst als Influencer? Schreibe deine eigene Rollenkarte. Erfinde deinen Trauminfluencer und erzähle, wofür du dich selbst einsetzen würdest.

Erwartungshorizont

M1 Reflexionsscheibe

1. *individuelle Lösungen*

M2 Jugendliche im Internet

1. *individuelle Lösungen*

M3 Blogs, Podcasts und Influencer

1.
a) *individuelle Lösungen*

b) *individuelle Lösungen*

c) Definition Blog: Ein Blog ist eine Internetseite, auf der eine Person oder ein*e Influencer*in Informationen zu einem bestimmten Thema schreibt, z. B. Reisen, Fitness u. v. m.

Definition Podcast: Ein Podcast kann angehört oder sogar angesehen werden. In Podcasts sprechen Personen über ein bestimmtes Thema oder beschäftigen sich mit einem Thema, wie Spiele oder Beauty, und versuchen, nützliche Tipps an Verbraucher*innen zu geben. Eine Podcast-Serie hat meist mehrere Folgen zum selben Thema. Im Grunde ist ein Podcast einem Blog ähnlich, nur dass der Podcast gehört oder angesehen werden kann.

Definition Influencer*in: Influencer*in bedeutet Meinungsmacher*in (engl. to influence = beeinflussen). Auf Social Media oder Videoplattformen versuchen Influencer*innen, Werbung für bestimmte Produkte zu einem Thema zu machen. Sie verdienen damit Geld.

M4 Rollenkarten: Influencer

1. Der Podcast von Sarabeauty könnte folgende Punkte enthalten:
   - Sarabeauty ist sehr gestylt und hat eine besondere Frisur.
   - Sie will sich auf eine Party vorbereiten.
   - Sie trägt das Hyloprodukt auf, mit welchem man auf jeder Party der Hingucker ist und den Schwarm begeistern kann.
   - Sie stellt vor, wie sie ihre Frisur macht und ein glamouröses Make-up aufträgt.
   - Am Ende sagt sie mit einem Zwinkern: „Wir sehen uns wieder!“

   Der Podcast von Reyno Weisse könnte folgende Punkte enthalten:
   - Der Podcast kann z. B. eine Menschenrechtsverletzung jeglicher Art behandeln (allgemeines Thema wie Einschränkung der Religions- oder Meinungsfreiheit oder ein konkretes Beispiel in den Blick nehmen).
   - Er versucht, das Problem aufzudecken, und gerät dabei sogar in Gefahr.
   - Er ruft für den Einsatz gegen Menschenrechtsverletzungen auf.
   - Am Ende integriert er Werbung oder ein Statement gegen Werbung, da es ihm um die Sache geht.

   Der Podcast von Game#hero könnte folgende Punkte enthalten:
   - Zuerst macht sie Werbung für Online-Games.
   - Im Anschluss stellt sie ein bestimmtes Spiel vor und gibt weitere Spieltipps.
   - Darauf folgt Werbung für einen Energy-Drink.
   - Am Ende folgt eine lässige, lockere Follow-Aufforderung.

Der Podcast von #verbacken könnte folgende Punkte enthalten:
- Er stellt vor, wie er einen gesunden Karotten-Kuchen zaubert, dabei benennt er Mehlprodukte und andere Zutaten.
- Auch Küchenprodukte bekannter Firmen werden verwendet und benannt.
- Am Ende beißt er ein Stück des Kuchens ab und verabschiedet sich mit den Worten: „Wenn‘s schmeckt, dann schau wieder vorbei!“

1. Mögliche Chancen und Gefahren:

Chancen	Gefahren
• spannender Zeitvertreib • man kann sich mit Themen beschäftigen, die einen interessieren • neue Informationen zu Themen oder Produkten • können wichtige politische Themen auch unter jungen Menschen platzieren • Spenden- oder Hilfsaufrufe bei großer Reichweite mit gutem Ergebnis möglich	• wollen Produkte verkaufen, die nicht halten, was sie versprechen, oder viel zu teuer sind • lügen vielleicht, weil sie die Produkte verkaufen wollen • manipulieren, damit man etwas kauft bzw. ihnen folgt • können das Selbstbewusstsein schwächen (man fühlt sich eventuell zu dick/zu hässlich) • können bei einer großen Reichweite viel Schaden bei jungen Menschen anrichten (Wunsch nach Schönheits-OPs, Suizidgedanken etc.)

M5 Zusatz: Jesus als Influencer

1. Der Podcast von Jesus könnte folgende Punkte enthalten:
   - Jesus könnte sich in seinem Podcast für Arme einsetzen, indem er eine Suppenküche zeigt oder ein Hilfsprojekt vorstellt.
   - Er könnte einen Aufruf starten, in dem er darüber spricht, dass es wichtig ist, sich gegenseitig nicht aus dem Blick zu verlieren oder sich zu verzeihen.
   - Er könnte den Podcast mit einem kurzen Gebet beenden.

M6 Zusatz: Ich als Influencer

1. *individuelle Lösungen*

Spielwelten

Methodisch-didaktische Hinweise

Klasse: 8/9	Dauer: 1 bis 2 Unterrichtsstunden
Schwierigkeit: leicht/mittel	Material: M1 bis M4

Sachanalyse

Videospiele oder Onlinespiele auf dem Smartphone gehören zum Alltag vieler Jugendlicher oder Erwachsener. Diese können entspannend wirken, haben aber auch Suchtpotenzial. Zudem kann auch übermäßig viel Geld investiert werden. Diese Stunde wirft den Blick auf die Chancen und das Suchtpotenzial von Videospielen sowie auf Hilfsangebote in Bezug auf eine Suchtproblematik. Seit 2018 ist Videospielsucht offiziell als Diagnose und Krankheitsbild anerkannt.

Lernziele

Die Schüler*innen …

- haben ihr eigenes Spielverhalten reflektiert.
- kennen Chancen und Gefahren von Computer- und Onlinespielen.
- wissen, welche Möglichkeiten es gibt, wenn jemand spielsüchtig ist.

Motivation

- Alle Schüler*innen sind in ihrem Alltag bestimmt schon mit Videospielen in Berührung gekommen. Mittels einer Selbstreflexion (**M1**) können sie mehr über sich und ihr Verhalten erfahren.
- Die Selbstreflexion wird in der Klasse besprochen. Da es sich um ein empfindliches Thema handelt, äußert sich nur, wer sich auch selbst meldet.

Erarbeitungsphase

- Es folgt eine Schnitzeljagd (**M2**) in Gruppen. Ziel der Schnitzeljagd ist es, alle Teile der Geschichte zu erhalten.
- Den ersten Abschnitt der Geschichte (Teil 1) erhalten die Schüler*innen schon zu Beginn. Dieser kann in der Klasse gemeinsam gelesen werden. Um neue Teile (Teil 2 bis Teil 5) zu erhalten, müssen die Gruppen Aufgaben lösen. Die Aufgaben müssen in der richtigen Reihenfolge gelöst werden. Die Lehrkraft gibt für jede gelöste Aufgabe einen weiteren Teil der Geschichte heraus. Dafür hat die Lehrkraft im Vorfeld alle Teile in Höhe der Gruppenanzahl kopiert und klein geschnitten.
- Sollte eine Gruppe nach etwa fünf bis zehn Minuten keine Lösungsidee haben, bekommt die Gruppe Tipps von der Lehrkraft (**M2**).
- Haben die Gruppen alle Aufgaben gelöst, werden die Lösungen in der Klasse besprochen. Die kleine Zusatzaufgabe am Ende der Schnitzeljagd kann von Gruppen bearbeitet werden, die bereits fertig sind.
- Im Anschluss wird der vollständige Text „Zwischen Spielwelt und Realität" (**M3**) noch einmal ausgeteilt und die Aufgaben dazu bearbeitet. Die Aufgaben werden gemeinsam in der Klasse besprochen.
- Abschließend wird das Arbeitsblatt „Spielsucht: Fakten und Hilfsmöglichkeiten" (**M4**) bearbeitet. Hier gibt es eine digitale und eine analoge Variante.
  Hinweis: Wählen Sie als Lehrkraft das passende Szenario für Ihre Stunde und teilen Sie den Schüler*innen die entsprechenden Aufgaben aus. Die digitale Variante ist mit einer Computermaus gekennzeichnet, die analoge mit einem Stift.
- Die Aufgaben werden in der Klasse besprochen und Hilfsmöglichkeiten bei Suchtverhalten werden in der Abschlussdiskussion reflektiert.

Vertiefung/Transfer

- Die Schüler*innen treffen eine Vereinbarung mit der Lehrkraft, auf was sie in der nächsten Woche beim Spielen achten wollen. Jede*r Schüler*in notiert sich einen Aspekt, auf den er*sie achten möchte, z. B.: „Ich spiele nächste Woche täglich nicht länger als 45 Minuten Videospiele."

M1 Mein Spielverhalten – eine Selbstreflexion

1 Fülle die nachfolgende Tabelle ehrlich aus. Setze dein Kreuz an der Stelle, die am ehesten auf dich zutrifft. Anschließend werden die Ergebnisse und Erkenntnisse in der Klasse besprochen. Man darf etwas sagen, muss aber nicht.

Verhalten	trifft nicht auf mich zu	trifft etwas auf mich zu	trifft voll auf mich zu
1. Ich spiele meist Spiele draußen oder mit anderen, die nichts mit dem PC, dem Smartphone oder der Konsole zu tun haben.			
2. Ich spiele mehr als eine Stunde am Tag an einem elektronischen Gerät.			
3. Manchmal kann ich gar nicht mehr aufhören, wenn ich bei einem Videospiel noch einen Level weiterkommen möchte.			
4. Ich habe schon öfter Hausaufgaben oder das Lernen vergessen, weil das Videospiel so interessant war.			
5. Online-Lernspiele haben mich in der Schule schon weitergebracht.			
6. Ich finde Hobbys und Spiele an der frischen Luft angenehmer als Videospiele.			
7. Ich denke, dass ich mein Spielverhalten überdenken sollte.			

M2 Schnitzeljagd (1)

Hinweis für die Lehrkraft: Trennen Sie die einzelnen Abschnitte voneinander ab und teilen Sie sie an die Gruppen aus, sobald die jeweilige Aufgabe gelöst ist.

Einstieg

1. Teil: Die Sonne geht auf. Ich spüre jeden Knochen, es fühlt sich an, als hätte mich ein Traktor überfahren. Ich bin wieder mal viel zu spät ins Bett gekommen, aber ich muss los. Ich habe einiges zu erledigen. Ich muss dringend zur Arbeit, aber zuerst muss ich die Tiere füttern, dann muss ich noch auf den Markt, um Ware zu tauschen.

Weitere Textteile

2. Teil: Mittlerweile bin ich im Bus 015 auf dem Weg zur Arbeit. Ich wollte noch kurz die Mail einer Kollegin beantworten, obwohl ich dafür eigentlich wirklich null Zeit habe. Es gibt noch so viel zu tun, was ich auf der Busfahrt erledigen wollte – den Stall ausmisten, einen Traktor kaufen und das Beet vergrößern. Ach was soll's, die Mail der Arbeitskollegin kann ich auch später beantworten. Im Moment habe ich nämlich null Bock!

3. Teil: Endlich bin ich auf der Arbeit angekommen. Jetzt schnell an den Schreibtisch und dann gleich auf den Markt! Dort begegnet mir Sabrina. Wir tauschen Waren. Ich gebe ihr Eier, sie gibt mir Milch. Es klopft an meiner Tür. Ich überhöre es – ich habe jetzt echt keine Zeit! Mein Chef stürmt wutentbrannt ins Zimmer und schreit mich an: „Was glauben Sie eigentlich, wie lange wir alle auf Sie warten?! Das Meeting hat vor 15 Minuten begonnen."

4. Teil: Ich sitze unruhig im Meeting. Dass ich zu spät war, ist mir eigentlich egal. Mich ärgert nur, dass ich dringend den Tag zu Ende spielen wollte. Ich rutsche unruhig auf dem Stuhl umher. Jetzt hätte ich gleich genug Geld gehabt, um einen neuen Stall zu bauen und an den anderen Mitspielern vorbeizuziehen.

5. Teil: Am Abend sitze ich zu Hause und habe endlich Zeit weiterzuspielen. Nachmittags bin ich gekündigt worden, aber das ist mir egal. Der Chef meinte, ich sei seit Wochen so unkonzentriert und würde meine Arbeit nicht mehr ernst nehmen. Ich war noch in der Probezeit. Wie ich meine neue Wohnung jetzt bezahlen soll, darüber denke ich erstmal nicht nach. Immerhin konnte ich mein Spiel vom Mittag retten und die anderen Spieler überholen. Mein Anwesen wächst und ich produziere mehr Korn und Eier! Wie super ist das denn?!

M2 Schnitzeljagd (2)

Gruppenarbeit: Löst die Aufgaben der Reihe nach in der Gruppe. Jede richtig gelöste Aufgabe bringt euch einen weiteren Teil der Geschichte. Versucht die schnellste Gruppe zu sein. Solltet ihr nach fünf bis zehn Minuten bei einer Aufgabe nicht weiterkommen, dann holt euch Tipps bei der Lehrkraft.

1 Versucht, die Smartphone-PIN der Hauptfigur der Erzählung herauszufinden. Folgendes Rätsel führt euch zur PIN.

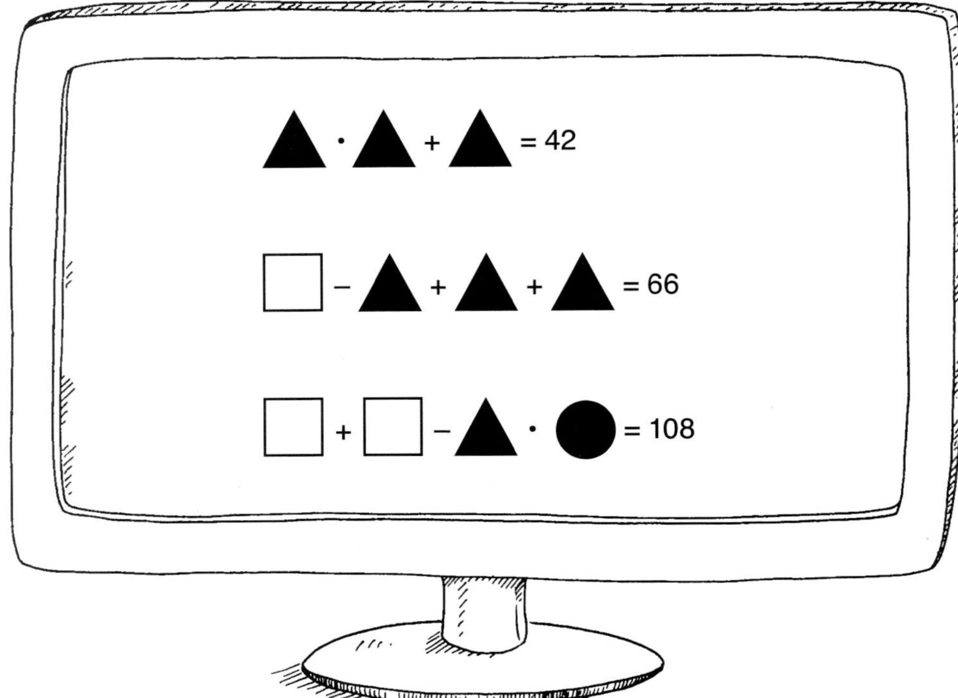

Die PIN lautet: _______ – _______ – _______ – _______

2 Lest den zweiten Textabschnitt. Darin finden sich Nullen und <u>**Ein**</u>sen, wie in einem binären Code. Schreibt sie in der richtigen Reihenfolge heraus.

Der Code lautet: _______ – _______ – _______ – _______ – _______ – _______

3 Lest den dritten Textabschnitt. Nennt drei Arten von Videospielen. Welche Art von Spiel spielt die Hauptfigur der Erzählung wohl? Stellt Vermutungen an.

Notiert eure Lösung hier: ______________________________

____

____

____

M2 Schnitzeljagd (3)

4 Lest den vierten Textabschnitt. Ergänzt den nachfolgenden Text mit den richtigen Wörtern aus dem Kasten! Habt ihr alle Wörter richtig eingesetzt, ergeben die fetten Buchstaben ein Lösungswort. Nutzt es, um den fünften und letzten Textabschnitt zu erhalten.

Meinun**g**en	wah**r**e Leben	B**o**ss	gleich**a**ltrigen
kreati**v**	traini**e**rt	Herausford**e**rungen	Infor**m**ationsverarbeitung

Macht Zocken wirklich schlauer?

Ein Thema, bei dem die ______________________ auseinandergehen. Wieso haben Videospiele so einen schlechten Ruf?

Dabei soll die Hand-Auge-Koordination sogar angeblich besser sein als bei ______________________ Kindern, die keine Videospiele spielen. Auch die ______________________ soll besser funktionieren, weil sie stetig ______________ wird. Videospieler erkennen mehr Details im Alltag und reagieren z. B. sensibler und verständnisvoller auf ihre Mitmenschen oder Veränderungen im Umfeld.

Um einen bestimmten Gegner (__________) in einem Spiel zu besiegen, muss man manchmal ziemlich ___________ werden. Daher wird auch der Einfallsreichtum gefördert. In Spielen nimmt man ______________________ an und fühlt sich selbstbewusst. Dennoch ist das ___________________ nicht in der Spielwelt und sollte nicht vergessen werden. Zu viel Videospielen führt zur Vernachlässigung anderer wichtiger Lebensbereiche und Lernchancen.

Das Lösungswort lautet: ______________________________________

5 Lest anschließend den letzten Teil der Geschichte und besprecht die Geschichte in eurer Gruppe.

Für die Schnellen Begründet eure Meinung zum Inhalt des Lückentextes aus Aufgabe 4.

____

____

____

____

____

M2 Schnitzeljagd (4)

Hinweis für die Lehrkraft: Hier finden Sie pro Aufgabe zwei Tipps, die Sie ausgeben können, wenn eine Gruppe mal nicht weiterkommt.

 **Tipps:**

Für Aufgabe **1**:

Tipp 1: Probiert bei der ersten Rechnung die Zahlen einfach aus, z. B. $3 \cdot 3 + 3$, $4 \cdot 4 + 4$ etc.

Tipp 2: Achtet bei der letzten Rechnung auf die Regel „Punkt vor Strich“.

Für Aufgabe **2**:

Tipp 1: Es zählen nicht nur die Ziffern Null (0) und Eins (1), sondern auch die versteckten Worte **null** und **ein**(s).

Tipp 2: Die Reihenfolge ist richtig, wenn sie genau dem Text folgt.

Für Aufgabe **3**:

Tipp 1: Versucht über das Internet herauszufinden, welche Art von Spielen ihr spielt. Gebt dazu den Namen des Spiels ein und das Wort „Genre“, dann findet ihr bestimmt eine Lösung.

Tipp 2: Das Spiel, das die Hauptfigur spielt, scheint vergleichbar mit Spielen wie Farmville, Harvest Moon und Hay Day.

Für Aufgabe **4**:

Tipp 1: Das Lösungswort besteht aus zwei Wörtern.

Tipp 2: Die Wörter erscheinen oft am Ende eines Spiels, wenn man z. B. den Level oder das Spiel nicht geschafft hat.

M3 Zwischen Spielwelt und Realität

Die Hauptfigur, die uns etwas über sich erzählt, heißt Nina. Sie ist 26 Jahre alt und lebt in einer deutschen Großstadt. Sie hat nach ihrem BWL-Studium in einem Unternehmen angefangen, welches sich an der Planung und am Bau von Neubauprojekten beteiligt und diese bewirbt. Wie du schon gelesen hast, hat sie ihren Job verloren und alles deutet darauf hin, dass dies mit einer Spielsucht zu tun hat.

1 a) Lies die Geschichte nun erneut aufmerksam durch. Unterstreiche fünf bis sieben Wörter und/oder Satzteile, die darauf hinweisen, dass Nina spielsüchtig ist.
b) Versetze dich im Anschluss in Ninas Freundin Samira oder ihren Bruder Markus hinein und schreibe in dein Heft, wie die Geschichte aus der Sicht von einem der beiden weitergeht.

Die Sonne geht auf. Ich spüre jeden Knochen, es fühlt sich an, als hätte mich ein Traktor überfahren. Ich bin wieder mal viel zu spät ins Bett gekommen, aber ich muss los. Ich habe einiges zu erledigen. Ich muss dringend zur Arbeit, aber zuerst muss ich die Tiere füttern, dann muss ich noch auf den Markt, um Ware zu tauschen.

Mittlerweile bin ich im Bus 015 auf dem Weg zur Arbeit. Ich wollte noch kurz die Mail einer Kollegin beantworten, obwohl ich dafür eigentlich wirklich null Zeit habe. Es gibt noch so viel zu tun, was ich auf der Busfahrt erledigen wollte – den Stall ausmisten, einen Traktor kaufen und das Beet vergrößern. Ach was soll's, die Mail der Arbeitskollegin kann ich auch später beantworten. Im Moment habe ich nämlich null Bock!

Endlich bin ich auf der Arbeit angekommen. Jetzt schnell an den Schreibtisch und dann gleich auf den Markt! Dort begegnet mir Sabrina. Wir tauschen Waren. Ich gebe ihr Eier, sie gibt mir Milch. Es klopft an meiner Tür. Ich überhöre es – ich habe jetzt echt keine Zeit! Mein Chef stürmt wutentbrannt ins Zimmer und schreit mich an: „Was glauben Sie eigentlich, wie lange wir alle auf Sie warten?! Das Meeting hat vor 15 Minuten begonnen."

Ich sitze unruhig im Meeting. Dass ich zu spät war, ist mir eigentlich egal. Mich ärgert nur, dass ich dringend den Tag zu Ende spielen wollte. Ich rutsche unruhig auf dem Stuhl umher. Jetzt hätte ich gleich genug Geld gehabt, um einen neuen Stall zu bauen und an den anderen Mitspielern vorbeizuziehen.

Am Abend sitze ich zu Hause und habe endlich Zeit weiterzuspielen. Nachmittags bin ich gekündigt worden, aber das ist mir egal. Der Chef meinte, ich sei seit Wochen so unkonzentriert und würde meine Arbeit nicht mehr ernst nehmen. Ich war noch in der Probezeit. Wie ich meine neue Wohnung jetzt bezahlen soll, darüber denke ich erstmal nicht nach. Immerhin konnte ich mein Spiel vom Mittag retten und die anderen Spieler überholen. Mein Anwesen wächst und ich produziere mehr Korn und Eier! Wie super ist das denn?!

M4 Spielsucht: Fakten und Hilfsmöglichkeiten

1 Recherchiere folgende Fakten im Internet und notiere die Informationen in deinem Heft.

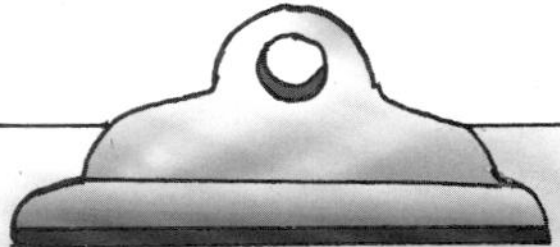

- Seit wann ist Video-/Computerspielsucht als Krankheit anerkannt?
- Welche Anzeichen für Videospielsucht gibt es? Nenne drei.
- Welche anderen Süchte gibt es noch? Nenne drei.
- Wo ist eine Suchtberatungsstelle in deiner Stadt und wie heißt sie?

1 Lies den Text aufmerksam durch. Notiere und begründe anschließend in deinem Heft, welche Hilfsmöglichkeit du Nina oder ihren Angehörigen vorschlagen würdest, wenn sie dich fragen würden.

Video- und Computerspielsucht ist erst seit 2018 eine von der Welt-Gesundheits-Organisation anerkannte Krankheit. Doch ab wann gilt man als Patient mit einer „gaming disorder“? Wenn eine Person aufgrund von Videospielen ihren Alltag nicht mehr bewältigen kann, ihr Äußeres, ihre Gesundheit oder ihr direktes Umfeld vernachlässigt, könnte eine Sucht vorliegen.

Zunächst ist es von Bedeutung, dass ein süchtiger Mensch erkennt, dass er ein Problem hat bzw. unter einer Suchtkrankheit leidet. Oftmals vernachlässigen Suchtkranke ihre Arbeit oder Familie, die schulischen Leistungen brechen komplett ein und die Körperpflege wird hintenangestellt.

Den Betroffenen mit der Sucht zu konfrontieren und ihm Vorwürfe zu machen, ist oft nicht sinnvoll. Der Süchtige baut eine Mauer um sich herum und blockt ab. Damit das nicht passiert, können sich Angehörige Rat holen. Hier gibt es verschiedene Anlaufstellen. In den meisten Städten gibt es einen sozialpsychiatrischen Dienst von kirchlichen Organisationen wie der Caritas oder der Diakonie. Zudem gibt es vielerorts Suchtberatungsstellen. Ist die suchtkranke Person etwas offener, kann sie einen Therapeuten aufsuchen.

Die genannten Anlaufstellen und Personen helfen dem Suchtkranken in vielen Lebensbereichen. Die Caritas bietet z. B. Arbeitsmöglichkeiten an, um dem Erkrankten einen festen Tagesablauf zu ermöglichen. Zudem gibt es Sportangebote und Angebote, soziale Kontakte zu pflegen, wie Treffen in Cafés. Suchtberatungsstellen haben ähnliche Angebote. Die Anlaufstellen bieten zudem Betreuer an, die den Erkrankten während der Genesungszeit unterstützen. Diese helfen auch dabei, mit Ämtern in Kontakt zu treten.

Erwartungshorizont

M1 Mein Spielverhalten – eine Selbstreflexion

1. *individuelle Lösungen*

M2 Schnitzeljagd

1. ▲ = 6, □ = 60, ● = 2

   Die PIN lautet: 6 – 6 – 0 – 2

2. Mittlerweile bin ich im Bus **01**5 auf dem Weg zur Arbeit. Ich wollte noch kurz die Mail **ein**er Kollegin beantworten, obwohl ich dafür eigentlich wirklich **null** Zeit habe. Es gibt noch so viel zu tun, was ich auf der Busfahrt erledigen wollte – den Stall ausmisten, **ein**en Traktor kaufen und das Beet vergrößern. Ach was soll's, die Mail der Arbeitskollegin kann ich auch später beantworten. Im Moment habe ich nämlich **null** Bock!

   Der Code lautet: 0 – 1 – 1– 0 – 1– 0

3. Mögliche Arten von Videospielen sind: Jump'n'run, Lernspiele, Abenteuerspiele, Rollenspiele, Ego-Shooter, Geschicklichkeitsspiele u. a.

   Die Hauptfigur der Erzählung spielt vermutlich ein Simulationsspiel (Farming Simulation).

4. Nacheinander eingesetzt werden müssen: Meinun**g**en, gleich**a**ltrigen, Infor**m**ationsverarbeitung, traini**e**rt, B**o**ss, kreati**v**, Herausford**e**rungen, wah**r**e Leben

   Das Lösungswort lautet: GAME OVER

5. *individuelle Lösungen*

Für die Schnellen: *individuelle Lösungen*

M3 Zwischen Spielwelt und Realität

1.

a) Mögliche Unterstreichungen:
- Ich spüre jeden Knochen, es fühlt sich an, als hätte mich ein Traktor überfahren. (Z. 1f.)
  (Begründung: deutet darauf hin, dass sie nicht richtig geschlafen hat)
- Es klopft an meiner Tür. Ich überhöre es – ich habe jetzt echt keine Zeit! (Z. 12)
  (Begründung: reagiert nicht mehr auf die Außenwelt)
- Ich sitze unruhig im Meeting. (Z. 15)
  (Begründung: will am liebsten ständig zum Spiel)
- Nachmittags bin ich gekündigt worden, aber das ist mir egal. (Z. 19f.)
  (Begründung: stellt die Arbeit und das reale Leben hinten an)
- Wie ich meine neue Wohnung jetzt bezahlen soll, darüber denke ich erstmal nicht nach. Immerhin konnte ich mein Spiel vom Mittag retten und die anderen Spieler überholen. (Z. 22f.)
  (Begründung: verliert den Bezug zur realen Welt)

b) Möglicher Fortgang der Geschichte aus Sicht der Freundin/des Bruders:
- Sie/Er versucht seit Tagen, Nina zu erreichen.
- Nina geht nicht ans Handy, obwohl sie ständig online ist.
- Nina kommt nicht mehr zu vereinbarten Treffen.
- Freundin/Bruder ist enttäuscht, macht sich aber auch Sorgen.
- Freundin/Bruder überlegt, sich mit Fachpersonal in Verbindung zu setzen, um Nina zu helfen.

M4 Spielsucht: Fakten und Hilfsmöglichkeiten

1. Antworten durch die Computerrecherche:
   - Video- und Computerspielsucht ist seit 2018 eine von der Welt-Gesundheits-Organisation anerkannte Krankheit.
   - mögliche Anzeichen einer Videospielsucht: Vernachlässigung von Beziehungen, Fernbleiben von der Arbeit, Desinteresse, Unzuverlässigkeit, Wesensveränderung u. v. m.
   - weitere Süchte sind: Drogensucht, Alkoholsucht, Glücksspielsucht, Sexsucht, Kaufsucht u. v. m.
   - Beratungsstelle vor Ort: *individuelle Lösungen*

1. Hilfsmöglichkeiten:
   - dem*der Suchtkranken dabei helfen, seine*ihre Sucht zu erkennen
   - Beratungsstelle (kirchlich oder nicht-kirchlich) aufsuchen
   - Therapeut*in aufsuchen
   - gemeinsame Unternehmungen mit dem*der Suchtkranken (Sport, soziale Kontakte pflegen, normale Abläufe in den Tag bringen)
   - gemeinsam mit dem*der Suchtkranken auf Ämter gehen und ihn*sie unterstützen

Würde in Gefahr? Der Mensch in der digitalen Welt

Methodisch-didaktische Hinweise

Klasse: 10/11	Dauer: 2 bis 4 Unterrichtsstunden
Schwierigkeit: mittel	Material: M1 bis M6

Sachanalyse

Welches Menschenbild ich habe, beeinflusst mein alltägliches Handeln und meine eigene Motivation. Gehe ich davon aus, dass der Mensch gut und auf die Gemeinschaft angewiesen ist, bin ich eher bereit, anderen zu helfen. Wie sich die Digitalisierung der Welt auf den Menschen und damit die Vorstellung der Menschen über die eigene Spezies auswirkt, ist Thema dieses Unterrichtsentwurfes.

Lernziele

Die Schüler*innen …

- können erklären, was ein Menschenbild ist, und wissen, dass ein solches stetigen Änderungen unterworfen ist.
- hinterfragen und reflektieren, wie sich das menschliche Leben und das Menschenbild durch die Digitalisierung verändern.
- haben sich mit dem Thema Human Enhancement auseinandergesetzt und sich zu der Frage positioniert, ob dieser technische Fortschritt die menschliche Würde gefährdet.
- können erklären, was mit „Zoon politikon“ gemeint ist.
- kennen unterschiedliche Menschenbilder aus Philosophie, Theologie, Literatur und Musik.

Motivation

- Die Schüler*innen erkennen sich selbst in der Geschichte über Milly und ihre Oma (**M1**) wieder.
- Sie interessieren sich dafür, was sie von den älteren Generationen unterscheidet, und stellen fest, wie unser eigenes Menschenbild unseren Umgang mit anderen im Alltag prägt.

Erarbeitungsphase

- Am Ende der Einstiegsgeschichte (**M1**) werden Fragen aufgeworfen, welche die Schüler*innen zu einer kurzen Selbstreflexion nutzen. Diese Fragen orientieren sich an den vier Fragen Kants zum Menschsein.
- Im Anschluss wird mithilfe des Arbeitsblattes „Menschenbild“ (**M2**) ein „Menschenbild der Klasse“ erstellt.
- Im nächsten Schritt wird gemeinsam der Text „Veränderungen für Leib, Geist und Seele“ (**M3**) gelesen, die Aufgaben werden in Zweierteams bearbeitet und im Plenum besprochen.
- In einer anschließenden Partner*innenarbeit zum Thema Human Enhancement (**M4**) setzen sich die Schüler*innen mithilfe eines Kurzfilms und passenden Aufgaben mit diesem Thema auseinander und positionieren sich zur Frage, ob dieser technische Fortschritt die menschliche Würde gefährdet.

Vertiefung/Transfer

- Die nächsten Arbeitsblätter behandeln den Begriff „Zoon politikon“ (**M5**) und den Zusammenhang mit Menschenbildern aus Philosophie, Theologie, Literatur und Musik (**M6**). Diese Arbeitsblätter können als Zusatzmaterial verwendet werden, wenn Sie das Thema weiter vertiefen möchten. **M6** kann in der Gruppe erarbeitet werden. Die Schüler*innen stellen die Ergebnisse im Plenum vor. Hier ist ein Internetzugang für die Schüler*innen von Vorteil. Die Menschenbilder werden im Hinblick auf ihre Bedeutung für die Gesellschaft bewertet.
- Zuletzt kann auch eine Reflexion bzw. ein Rückbezug zum Stundeneinstieg erfolgen. Was würden die Schüler*innen jetzt Milly und ihrer Oma auf ihre Fragen antworten? Es folgt eine Diskussion in der Klasse.

M1 Milly und ihre Oma

1 Lesen Sie gemeinsam die Geschichte von Oma Gertrud und Milly.

a) Reflektieren Sie danach in Einzelarbeit über die Fragen, die Oma Gertrud sich am Ende der Geschichte stellt, und machen Sie sich Notizen.

b) Besprechen Sie die Ergebnisse gemeinsam in der Klasse.

Rollen: Erzähler, Oma Gertrud und Milly

Erzähler: Milly ist 17 Jahre alt und heißt eigentlich Milena. Milly und ihre Oma haben ein gutes Verhältnis und die Enkelin schaut hin und wieder unangemeldet bei ihrer Oma vorbei. So auch heute an einem milden Frühlingsnachmittag nach der Schule.

Oma Gertrud freut sich über Millys Besuch, kocht eine Tasse Kaffee mit viel Milch, so wie Milly es mag, und packt gleich eine Ladung Kekse auf den Gartentisch. Bei strahlendem Sonnenschein nehmen Milly und ihre Oma am Tisch Platz und schlürfen genüsslich ihren Kaffee. Dabei entgeht Gertrud nicht, dass Millys Smartphone ständig kurze Töne von sich gibt und dass Milly sich sehr beherrschen muss, nicht sofort nachzusehen.

Oma Gertrud: „Das fiept aber oft. Du magst doch bestimmt nachsehen?"

Erzähler: Gesagt, getan, Milly steht einer Flut von Nachrichten gegenüber. Sie wirkt überfordert. Ihre Oma bemerkt das.

Oma Gertrud: „Früher gab's sowas ja nicht, dass man immer erreichbar sein musste. Darum beneide ich euch nicht. Kann man da überhaupt noch richtig Menschsein?"

Milly: „Ja, manchmal fühlt sich das komisch an und einige erwarten immer sofort eine Antwort. Das stresst mich. Aber wie meinst du das mit dem „richtig Menschsein"?"

Oma Gertrud: „Naja, wenn das ständig klingelt, kann man da überhaupt den eigentlichen menschlichen Aufgaben nachgehen? Bleibt da Zeit, einmal die Seele baumeln zu lassen oder in Ruhe über Sinn und Ziele des eigenen Lebens nachzudenken? Und hast du noch genug Zeit, einen schönen Spaziergang zu machen? So wird der Mensch doch zu einer Art „Antwortautomat", oder nicht?"

Erzähler: Milly schaut verdutzt drein und überlegt einen Moment.

Milly: „Dafür fehlt mir tatsächlich manchmal die Zeit. Und spazieren ohne Smartphone, das habe ich schon ewig nicht mehr gemacht. Anstatt auf meinen Körper oder die Landschaft zu achten, bin ich damit beschäftigt, ob meine App mich für die Kilometer lobt und ich genug Kalorien verbrenne. Ich muss das Smartphone wohl mal ausschalten und mich fragen, wie ich mehr Menschsein kann!"

Oma Gertrud: „Ich bin gespannt, was du mir über deinen Versuch berichten wirst. In deinem Alter habe ich viel nachgedacht, z. B. über Fragen wie:

- Worauf hoffe ich?
- Was ist die Aufgabe des Menschen auf der Welt?
- Wie sollte ich für mich und mit dem Blick auf andere handeln?
- Was tue ich für mein Wohlbefinden und meinen Körper?

M2 Menschenbild

Jeder hat ein Bild vom Menschen: Ist er gut, ist er böse? Je nachdem, wie wir den Menschen sehen, ändert sich unsere Einstellung zu unseren Mitmenschen oder auch unser Verhalten im Alltag. Halte ich den Menschen generell für schlecht und machthungrig, werde ich anderen auch misstrauisch begegnen und in wichtigen Situationen nicht vertrauen. Deshalb ergibt es Sinn, das eigene Menschenbild zu reflektieren.

1 Was gehört aus Ihrer Sicht zu einem Menschen? Worauf hoffen Sie in Bezug auf Ihre Seele, Ihren Körper und Ihren Geist? Erarbeiten Sie gemeinsam in der Klasse eine Vorstellung des Menschen (= Menschenbild). Vielleicht fällt Ihnen auch noch eine weitere wichtige Kategorie ein. Weitere Punkte können in dem leeren Feld unter dem Menschen notiert werden.

Seele

Geist

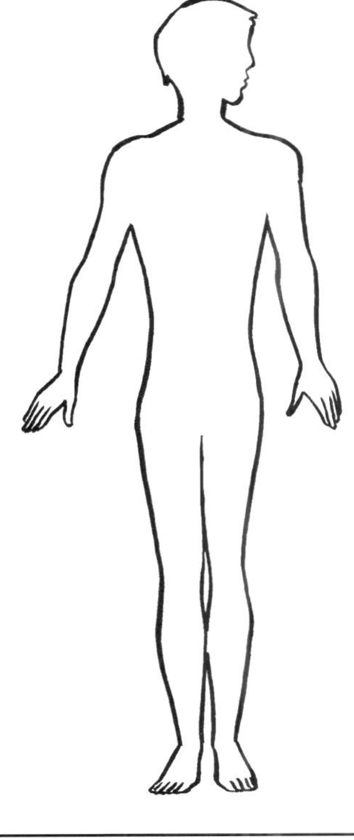

Körper

M3 Veränderungen für Leib, Geist und Seele

1 Partnerarbeit: Lesen Sie den Text aufmerksam durch. Bearbeiten Sie daraufhin die folgenden Aufgaben gemeinsam mit einem Partner und machen Sie sich Notizen.

a) Beschreiben Sie zwei konkrete Situationen, anhand derer man den Zustand des „onlife“ aufzeigen kann.
b) Benennen Sie weitere, über den Text hinausgehende Beispiele, wie Sie persönlich die Daten an die Infosphäre abgeben.
c) Erläutern Sie anhand eines Beispiels die Ambivalenz der Digitalisierung für den Menschen.
d) Nehmen Sie begründet Stellung zu folgender Frage aus dem Text: „Ist die Digitalisierung Fluch oder Segen für Leib, Geist und Seele?“

Mal ehrlich: Welcher Ihrer Lebensbereiche ist noch nicht von der Digitalisierung betroffen?

Vielleicht der Bereich „Familie und Freunde“? Fehlanzeige! Denn wie kommuniziere ich heutzutage mit meinen Lieben? Mit den meisten über digitale Medien, oder nicht?

Aber wie sieht es mit der Schule, dem Einkaufen und den Hobbys aus?

Wir stellen fest, dass die meisten unserer Lebensbereiche mit der digitalen Welt verknüpft sind. Wir können nicht mehr von einer eindeutigen Trennung von „analoger“ und „digitaler“ Welt sprechen, wie dies noch zu Beginn der 2000er Jahre möglich war.

Mit diesem Phänomen unserer Zeit und den Veränderungen, die die fortschreitende Technik mit sich bringt, haben sich schon einige Philosophen und Denker beschäftigt, so z. B. der italienische Philosoph Luciano Floridi.

Nahezu ununterbrochen sind wir heutzutage mit Geräten verbunden, die stets online sind: Smartphone, Smartwatch oder Laptop. Diesen Zustand bezeichnet Luciano Floridi als „onlife“. Das Internet ist ein eigener „Raum“ – eine eigene Welt voll mit Informationen. Floridi verwendet daher den Begriff „Infosphäre“. Diese füttern wir, indem unsere Standortdaten gespeichert werden oder während wir unsere Social-Media-Accounts updaten. Daher bezeichnet Floridi den Menschen als „Informationskreatur“, welche von einem intelligenteren Computer abhängig ist.

Jedoch betont der italienische Philosoph auch, wie fiktive und reale Welten schon von jeher im Menschen zusammenkommen, zum einen in seinem Denken, zum anderen in seinem Handeln. Deshalb ist der Mensch schon immer ein Informationsorganismus.

Die Infosphäre bietet dem Menschen zahlreiche Möglichkeiten und Chancen, wie z. B. schnelle und bildliche Kommunikation mit Menschen überall auf der Welt sowie einen einfachen Zugang zu Informationen. Auch können Menschen ihren Geist trainieren oder eine Möglichkeit dafür entdecken, ihrer Seele etwas Gutes zu tun, z. B. eine Meditation suchen. Gleichsam kann die Achtsamkeit gegenüber dem eigenen Körper (Leib) und der Seele abnehmen, wenn der Mensch zu sehr vom onlife eingenommen wird. Dann fehlt ihm z. B. Bewegung und reale Kontakte treten hinter virtuelle Kontakte zurück.

Ist die Digitalisierung Fluch oder Segen für Leib, Geist und Seele?

M4 Human Enhancement

1 Partnerarbeit: Scannen Sie den folgenden QR-Code und sehen Sie sich den Kurzfilm zum Thema Human Enhancement an. Bearbeiten Sie daraufhin die folgenden Aufgaben gemeinsam mit einem Partner und machen Sie sich Notizen.

a) Erklären Sie anhand eines Beispiels, was mit Human Enhancement gemeint ist und wo Sie dabei Chancen und Gefahren sehen.
b) Begründen Sie, welche Gefahren Sie für das Menschenbild in der Gesellschaft sehen, wenn Human Enhancement unreflektiert zu Realität wird und der Mensch sogar mit Computern verschmilzt.
c) Machen Sie sich im Internet mit verschiedenen Definitionen menschlicher Würde vertraut. Ist die menschliche Würde aufgrund von Human Enhancement in Gefahr? Begründen Sie Ihre Meinung.

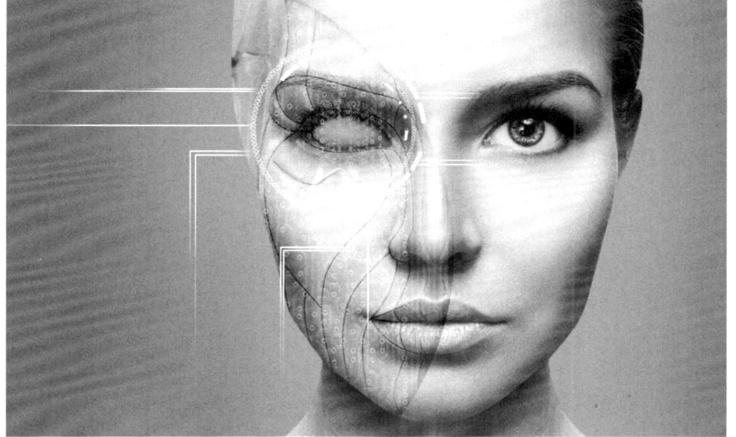

© llhedgehogll/stock.adobe.com

2 Formulieren Sie gemeinsam in der Klasse ein Statement zur folgenden Aussage. Positionieren Sie sich in maximal fünf Sätzen.

„Unsterblichkeit durch Human Enhancement ist mehr als wünschenswert.

Evolution war gestern, Technolution ist heute!“

M5 Zusatz: Der Mensch als „Zoon politikon"

1 Lesen Sie den Text aufmerksam durch und machen Sie sich Notizen zu den folgenden Aufgaben.

a) Erläutern Sie anhand eines konkreten Beispiels aus dem Alltag den Begriff des „Zoon politikon".
Tipp: Wo ist mein Einsatz oder mein Verantwortungsbewusstsein gefordert, damit Gemeinschaft funktioniert?

b) Arbeiten Sie heraus, welche Ansätze von Demokratie im Text stecken.

Der Mensch besteht aus Körper, Geist und für manche noch aus der Seele.
Ist das schon alles, was den Menschen ausmacht?

Nein, der Mensch ist nicht nur ein Körper, Geist und eine Seele für sich.
Nicht nur ein Individuum. Er lebt in einer Gemeinschaft.

Der Begriff „Zoon politikon" stammt aus dem Griechischen und bedeutet „Lebewesen in einer Gemeinschaft". Er stammt aus der antiken griechischen Philosophie. Selbstverständlich gibt es auch andere Herdentiere und der Begriff passt nicht nur für den Menschen. Dennoch ist es eine wesentliche und existenzielle Eigenschaft des Menschen. Ohne Kontakt zu Mitmenschen gehen die meisten Menschen zugrunde. Die Evolution hat gezeigt, dass der Mensch in der Gemeinschaft erfolgreicher war und dadurch seinen Fortbestand sichern konnte. Der Mensch ist ein soziales Wesen, er verhält sich mitunter solidarisch und hilfsbereit.

Eine Gesellschaft funktioniert nur mithilfe menschlicher Grundregeln. Halte ich diese ein, erfahre ich zugleich auch ihren Schutz. Der Mensch wird also nicht nur als ein soziales, sondern auch als ein „politisches Wesen" verstanden. Der einzelne Mensch kann Verantwortung übernehmen und Sorge für die Gemeinschaft (grie. polis) tragen. Das Ziel seines Lebens ist das „gelingende Leben". Dies erreicht der Mensch nur in Gemeinschaft und dadurch, dass er die Gesetzgebung dieser Gemeinschaft mitgestaltet.

M6 Zusatz: Menschenbilder in der Philosophie, Theologie, Literatur und Musik (1)

1 Gruppenarbeit: Finden Sie sich in Kleingruppen (bis zu vier Personen) zusammen und lesen Sie einen der folgenden vier Texte. Sollten Sie keinen Internetzugang haben, beschränken Sie sich auf Text 1, 2 und 3.

a) Arbeiten Sie das Menschenbild aus Ihrem Text heraus. Gestalten Sie ein Plakat oder eine PowerPoint-Präsentation. Stellen Sie Ihre Ergebnisse vor. Wenn Sie Internetzugang haben, recherchieren Sie Zusatzinformationen zu Ihrem Menschenbild.

b) Diskutieren Sie in der Klasse, welches Menschenbild Sie als Basis für eine gerechte Gesellschaft vorziehen würden. Begründen Sie Ihre Entscheidung.

1. Der Mensch in der Philosophie – Der Utilitarismus

Der Utilitarismus (aus dem Lateinischen von „utilitas" = Nutzen) ist eine ethische Theorie. Sie gibt Orientierung in Dilemma- oder anderen Entscheidungssituationen und ethischen Fragestellungen. Der Utilitarismus ist keine einheitliche Theorie, im Laufe der Jahrhunderte haben sich verschiedene utilitaristische Theorien entwickelt. So unterscheidet man z. B. den Präferenzutilitarismus von der ursprünglichen Theorie, die Jeremy Bentham im frühen 19. Jahrhundert entwickelte. Was sie jedoch alle verbindet, ist die grundlegende Norm des Utilitarismus, die besagt, dass die Handlung moralisch korrekt ist, die zum größtmöglichen Glück der größtmöglichen Zahl von Menschen führt.
Dabei nimmt der Utilitarist die Folgen einer Handlung in den Blick – er denkt ziel- und zweckorientiert. Seine Frage lautet: Durch welche Handlung sind die besten Folgen für die größte Zahl zu erwarten?
Ein großer Kritikpunkt am Utilitarismus ist, dass die Folgen einer Handlung schwer abzusehen sind. Jedoch handelt es sich um einen sozialen Ansatz, der die Folgen von einer Handlung für alle Betroffenen in den Blick nimmt.

2. Der Mensch in der Bibel

In der Bibel zeigt sich ein vielfältiges Bild des Menschen. Im Grunde kann man nicht von „einem" biblischen Menschenbild sprechen.
Im ersten Schöpfungsbericht der Bibel wird dem Menschen eine unantastbare Würde als Geschöpf und Abbild Gottes zugeschrieben. Dem Menschen als vernunftbegabtes Wesen wird die Verantwortung über die Schöpfung zugesprochen (vgl. 1 Mose 1,26–27/Gen 1,26–27). In 1 Mose 2 (Gen 2) wird der Mensch mit seiner gestaltenden und kreativen Fähigkeit als Gärtner und Bewahrer der Erde geschildert.
Danach zeigt das erste Buch Mose die Fehlerhaftigkeit des Menschen auf: Das erste Menschenpaar wird nach einem Fehler aus dem Paradies verwiesen. Diese menschliche Unvollkommenheit zeigt sich noch einmal in der Erzählung der Söhne von Adam und Eva. Kain erschlägt Abel aus Neid. Er muss fliehen, Gott setzt ihn jedoch nicht „vogelfrei". Sein Leben soll geschützt werden.
Im Neuen Testament wendet sich Jesus den Sündern zu, so z. B. dem Zöllner Zachäus, bei dem er zum Essen einkehrt. Zachäus beschließt durch die Begegnung mit Jesus, reinen Tisch zu machen. Alles Geld, was er den Menschen abgenommen hat, um sich selbst zu bereichern, gibt er zurück und sogar noch mehr.
Der Mensch hat Potenzial, sich zu ändern – durch Zuwendung oder Einsicht.

M6 Zusatz: Menschenbilder in der Philosophie, Theologie, Literatur und Musik (2)

3. Der Mensch in der Literatur – Georg Büchners Theaterstück „Woyzeck"

Der deutsche Schriftsteller Georg Büchner lebte in der ersten Hälfte des 19. Jahrhunderts. In seinem nicht fertiggestellten Drama Woyzeck zeigt er auf, inwiefern der Mensch abhängig von seinem Umfeld und der Gesellschaft ist.
Woyzeck, ein armer Soldat, liebt Marie, die von ihm schwanger wird und einen Sohn zur Welt bringt. Die beiden sind nicht verheiratet, auch weil Woyzeck nicht vermögend ist. Marie wiederum lässt sich auf einen Soldaten höheren Ranges und mit besserem Verdienst ein. Außerdem unterdrückt und mobbt sein Vorgesetzter Woyzeck stetig. Da Woyzeck an Geld kommen will, lässt er bei einem zwielichtigen Arzt Experimente an sich durchführen. Diese machen ihn letztlich psychisch krank, wodurch Woyzeck schließlich zum Mörder von Marie wird, obwohl er sie liebt und sie die Affäre mit dem anderen Mann bereut. Die Geschichte endet damit, dass Woyzeck sein Kind ein letztes Mal sieht, bevor es von einem fremden Mann mitgenommen wird.
Das Theaterstück spiegelt die Situation vieler armer Menschen in der Zeit vor der deutschen Revolution im Jahre 1848 wider. Die Situation war geprägt von Armut, Ausbeutung und Unterdrückung der armen Bevölkerung durch die Reichen, schlechten Aufstiegschancen, wenig Freiheitsrechten etc.

4. Der Mensch in der Kunst – Das Menschenbild in meinem Lieblingssong

Einigen Sie sich in der Gruppe auf eines Ihrer Lieblingslieder.
Arbeiten Sie anhand des Textes und anhand von Zusatzinformationen, die Sie im Internet recherchieren, das Menschenbild aus dem Lied heraus.
Dabei kann es Ihnen helfen, wenn Sie menschliche Gefühle, Hoffnungen und Fähigkeiten aus dem Lied herausarbeiten.

Sollte Ihnen kein Lied einfallen, können Sie z. B. „Willkommen und Goodbye" von Joris auswählen.

Erwartungshorizont

M1 Milly und ihre Oma

1.
a) *individuelle Lösungen*

b) *individuelle Lösungen*

M2 Menschenbild

1. mögliche Antworten:
   - Seele – ich hoffe … auf ein gutes Leben in Frieden mit mir, auf ein Leben nach dem Tod, auf seelische Gesundheit …
   - Körper – ich hoffe … auf Gesundheit, auf Fitness, auf intensives Spüren durch Geschmack oder Aktivitäten, auf Verschönerung durch Tattoos …
   - Geist – ich hoffe … darauf, viel dazuzulernen, darauf, mich reflektieren zu können, darauf, mich weiterzuentwickeln …

M3 Veränderungen für Leib, Geist und Seele

1.
a) mögliche Situationen:
   - Ich sitze zu Hause und lerne. Meine Smartwatch erinnert mich daran, dass ich mein Bewegungsziel heute noch nicht erreicht habe, und vernetzt mich mit meiner Bewegungs-App und der zugehörigen Community.
   - Ich stehe im Supermarkt und möchte die Vorzüge eines Produktes wissen. Per Smartphone und mittels Suchmaschine komme ich schnell auf einen Produktvergleich, der mir die Entscheidung erleichtert.

b) Möglichkeiten, Daten an die Infosphäre abzugeben:
   - Eingabe von Produkten/Informationen beim Onlineshopping
   - Nutzung von Suchmaschinen (Cookies)
   - Kommunikation mit anderen auf Social Media
   - Likes auf (Video-, Musik-)Plattformen

c) Beispiele für die Ambivalenz der Digitalisierung für den Menschen:
   - Einerseits hilft das Internet dabei, Dinge zu finden oder Informationen zu bekommen, andererseits werden Informationen gespeichert, die zur Manipulation verwendet werden können (Werbung etc.).
   - Die hohe Technisierung bringt Vorteile, aber auch Nachteile. Beispiel Navigationsgerät: Einerseits verfährt man sich seltener und findet den Zielort schneller und effizienter, andererseits verlernt man, sich selbst zurecht zu finden, Karten zu lesen und sich zu orientieren.

d) Eine mögliche Stellungnahme kann eine Abwägung von Argumenten „Pro Fluch“ und „Pro Segen“ enthalten. Danach ist eine Positionierung in eine Richtung oder ein „sowohl Fluch als auch Segen“ möglich.

   Beispiele „Pro Fluch“:
   - man kann manipuliert werden (Werbung)
   - Cybermobbing und Hatespeech
   - man verlernt Dinge oder lernt sie gar nicht erst (Karten lesen, eventuell eines Tages das Autofahren)
   - persönliche Daten werden gespeichert

   Beispiele „Pro Segen“:
   - viele Möglichkeiten zur schnellen Kommunikation auch über Ländergrenzen hinweg
   - schnell zugängliches Wissen
   - Erleichterung der Arbeit durch Onlinemeetings
   - VR-Brillen in Ausstellungen
   - optimierte Produktionsprozesse in der Wirtschaft

M4 Human Enhancement

1.
a) Human Enhancement: Dabei handelt es sich um eine künstliche Erweiterung/Verbesserung des Menschen. Es gibt mechanische/medizinische Erweiterungen des Menschen (Prothesen, Hörgeräte, Herzschrittmacher), aber auch solche, die medizinisch nicht nötig sind (Hörgeräte, mit denen man Frequenzen hören kann, die der Mensch eigentlich nicht mehr hören kann, technische Implantate oder auch Smartwatches und Smartphones).

mögliche Chancen:
- Krankheiten oder Behinderungen überwinden
- Leben retten durch schnelle Datenübermittlung bei einem Notfall

mögliche Gefahren:
- Datenmissbrauch
- die Frage nach der eigenen Leistung ist nicht mehr so einfach zu beantworten

b) Es besteht eine große Gefahr darin, dass der Mensch dann nur noch nach seinen Leistungen bewertet wird. Die Menschen, die am besten technisiert sind, stehen dann über den anderen. Die Teilung der Gesellschaft in Leistungsfähige und Leistungsunfähige wird größer. Die Menschenrechtsverletzungen könnten zunehmen.

c) Die Würde des Menschen ist in Gefahr, da der Respekt vor dem eigenen Körper weniger werden könnte, da vieles ersetzbar wird. Das könnte zu mehr Rohheit in der Gesellschaft führen und mehr Gewalt, die zu verbalen und physischen Würdeverletzungen führen kann.

2. *individuelle Lösungen*

M5 Zusatz: Der Mensch als „Zoon politikon“

1.
a) mögliches Beispiel: Indem ich mich an Regeln in der Klasse halte, gestalte ich einen Raum des Lernens und des Vertrauens mit.

b) Im Text wird ein System beschrieben, das zeigt, wie eine Demokratie funktionieren kann:
- solidarisch und hilfsbereit (Z. 12)
- mithilfe menschlicher Grundregeln (Z. 13)
- Schutz (Z. 14)
- [jeder einzelne] kann Verantwortung übernehmen (Z. 15f.)
- Gesetzgebung […] mitgestalte[n] (Z. 18)

M6 Zusatz: Menschenbilder in der Philosophie, Theologie, Literatur und Musik

1.
a) Menschenbild Philosophie (Utilitarismus): Der Mensch ist entscheidungs- und handlungsfähig. Er strebt nach Glück und ist ein Gemeinschaftswesen.

Menschenbild (Theologie Bibel): Der Mensch trägt Verantwortung für die Welt als Abbild Gottes. Er hat Gefühle, wie z. B. Neid. Er macht Fehler, kann sich aber ändern.

Menschenbild Literatur (Woyzeck): Der Mensch ist abhängig von seinem Umfeld. Er ist in seiner Entwicklung und in seinem Handeln formbar. Er unterdrückt, lässt sich unterdrücken, hat Hoffnungen, liebt und strebt nach Macht.

Menschenbild Musik (Joris): Im Songtext von Joris wird deutlich, dass der Mensch ein Gefühlswesen ist, dass er scheitern, aber auch wieder aufstehen und daran wachsen kann. Es wird beschrieben, dass der Mensch liebt und Sehnsüchte (auch nach Gemeinschaft/Partnerschaft) hat.

b) *individuelle Lösungen*

Die Schritte der ethischen Urteilsfindung am Beispiel „Fake News“

Methodisch-didaktische Hinweise

Klasse: 10/11	Dauer: 2 bis 4 Unterrichtsstunden
Schwierigkeit: mittel	Material: M1 bis M6, Metaplankarten (Tipp: Beim Kopieren von M1 sollte die Fußzeile verdeckt werden, um das Stundenthema noch nicht zu verraten.)

Sachanalyse

Fake News sind allgegenwärtig – sie kursieren zu fast jedem Thema, das in der öffentlichen Debatte steht. Vor allem in den sozialen Medien sind sie weitverbreitet. Fake News können gefährliche Folgen haben. Welche Folgen ein einfaches und unüberlegtes Verbreiten von Fake News haben kann, ist Gegenstand der vorliegenden Einheit.

Lernziele

Die Schüler*innen ...

- können erklären, was Fake News sind, und Gefahren von Fake News erläutern.
- kennen die Schritte ethischer Urteilsfindung und finden ein differenziertes Urteil zur Verbreitung von Fake News.

Motivation

- Eine Impulsfrage der Lehrkraft zum Thema Freiheiten und Rechte in Deutschland (z. B. Wie bewerten Sie die Freiheitsrechte in Deutschland?) führt zum Austausch darüber, was die Schüler*innen als Einschränkung der Freiheitsrechte empfinden.
- Das Thema Fake News, das den Schüler*innen mittlerweile überall begegnet, wird noch nicht genannt, um eine unvoreingenommene Meinungsäußerung zu garantieren.

Erarbeitungsphase

- Die Schüler*innen erhalten das Arbeitsblatt „Meine Meinung über ...“ (**M1**) und füllen zunächst in Einzelarbeit die ersten zwei Spalten aus.
- Im Anschluss lesen die Schüler*innen den fiktiven News-Post (**M1**) und füllen daraufhin die vierte Spalte auf **M1** aus.
- Danach klärt die Lehrkraft die Schüler*innen darüber auf, dass es sich bei dem News-Post um einen fiktiven Post bzw. „Fake News“ handelt.
- Die Schüler*innen notieren als Überschrift über der dritten Spalte auf **M1** „Was lösen Fake News in mir aus?“ und befüllen diese Spalte mit den Gefühlen, die Fake News bei ihnen auslösen, z. B. Wut, Angst etc.
- Im Anschluss kann ein vertiefendes Reflexionsgespräch über das Experiment erfolgen (mögliche Leitfragen: (1) An welchen Punkten war ich skeptisch? (2) Inwiefern habe ich mich über mich selbst gewundert?).
- Die Schüler*innen lesen den Text „Was sind Fake News?“ (**M2**) und bearbeiten die Aufgaben.
- Im Anschluss lesen sie ein fiktives Interview mit einer Politikerin, die aufgrund von Fake News die Wahl verloren hat (**M3**). In Zweierteams arbeiten sie typische Merkmale und Aspekte von Fake News aus dem Text heraus.

Vertiefung/Transfer

- Die Schüler*innen versuchen sich im nächsten Schritt daran, in Kleingruppen ein ethisches Urteil zur Frage „Ist es ethisch vertretbar, unbedacht Nachrichten weiterzuverbreiten, bei denen es sich um Fake News handeln könnte?“ zu finden (**M4**).
- Die Gruppen setzen sich mit den Schritten 1 bis 5 auseinander. Schritt 6 wird am Ende gemeinsam im Plenum besprochen.
- Die Lehrkraft gibt Metaplankarten aus, auf denen notiert wird, in welchen Bereichen Fake News besonders gefährlich sind, z. B. in der Politik.
- Anschließend erstellt man im Plenum ein Ranking der Gefahren.
- Als Zusatzaufgabe können die Schüler*innen in Gruppenarbeit einen Werbebanner (**M5**) zum Thema „Gefahren von Fake News“ erstellen.

M1 Meine Meinung über …

1 a) Was ist Ihre Meinung über die beiden folgenden Themen? Füllen Sie die ersten beiden Spalten der Tabelle aus.
b) Lesen Sie den kurzen News-Post am Ende der Seite. Wie hat sich Ihre Meinung zu den beiden Themen verändert? Befüllen Sie nun die vierte Spalte in der Tabelle.
c) Besprechen Sie die Tabelle im Plenum und füllen Sie mithilfe der Anweisungen der Lehrkraft die noch leere dritte Spalte der Tabelle aus.

Meine Meinung über …

… Meinungsfreiheit in Deutschland.	… Hip-Hop-Musik.		… Meinungsfreiheit in Deutschland und Hip-Hop-Musik nach dem Lesen des News-Post.

Beschluss vom Bundesverfassungsgericht:
Generelles Verbot von Hip-Hop-Musik in Deutschland!

Das Bundesverfassungsgericht hat soeben ein generelles Hip-Hop-Verbot in Deutschland erlassen. Der Grund: Die Musikrichtung beinhalte zu viele diskriminierende Inhalte gegen Frauen.

Streamingdienste sollen nun massiv reglementiert werden. Verstöße gegen das Verbot sollen mit hohen Geldstrafen geahndet werden.

Ist ab jetzt nur noch politisch korrekter Hip-Hop möglich?

M2 Was sind Fake News?

1 Lesen Sie den Text aufmerksam durch.

a) Arbeiten Sie die wichtigsten Informationen aus dem Text heraus und erstellen Sie basierend darauf eine Mindmap zum Thema Fake News.

b) Überlegen Sie sich zusätzlich mindestens zwei eigene konkrete Beispiele für Fake News und notieren Sie diese ebenfalls in der Mindmap.

Propaganda, Satire und Falschnachrichten mit dem Ziel, einer Gruppierung, einer Institution, einem Staat oder einem Konzern zu schaden, sind keine Errungenschaften des digitalen Zeitalters. Denken Sie an den Brand Roms unter Kaiser Nero. Eine Katastrophe, die einen Großteil Roms innerhalb von sieben Tagen im Jahre 64 n. Chr. zerstört haben soll. Früh wurde die Brandstiftung dem Kaiser selbst angelastet. Die Vertreter dieser Theorie sehen als möglichen Grund die propagandistische Verschwörung gegen die Christen, die Nero ein Dorn im Auge waren und denen er die Schuld am Feuer zusprach. Die neuere Forschung findet hingegen Argumente, die gegen den Kaiser als Brandstifter sprechen. So könnte es sich möglicherweise auch um politische Propaganda gegen den Kaiser handeln.

Der Begriff „Fake News" kommt aus dem Englischen, wo er seit ca. 1880/90 regelmäßig verwendet wird. Doch warum ist das Thema gerade im digitalen Zeitalter so präsent?

Fake News werden oftmals als Falschmeldungen mit Intention definiert. Diese Intention ist manipulativ und wirkt sich auf bestimmte Personen oder Personengruppen nachteilig aus. Verbreitet werden sie über die verschiedenen Medien, darunter Portale und soziale Netzwerke im Internet.
In dieser Definition steckt bereits ein Anhaltspunkt, weshalb das Thema Fake News heute neue Brisanz erhält. Mithilfe des Internets können sich Falschmeldungen viel schneller und auf der ganzen Welt verbreiten.
Mit Falschmeldungen sind hier keine unabsichtlichen Fehlmeldungen durch unsauber recherchierte journalistische Arbeit gemeint. Bei Fake News handelt es sich um Nachrichten, die mit der Intention verbreitet werden, anderen zu schaden und die Öffentlichkeit zu den eigenen Gunsten zu manipulieren.

Im Bereich Social Media finden sich heutzutage Fake News unterschiedlichster Art: absichtlich verbreitete, erfundene Nachrichten sowie aus dem Kontext gerissene Äußerungen oder manipulative Verschwörungstheorien.
Dafür sensibel zu sein und zu hinterfragen, was man liest, muss daher heute ein Hauptziel von Bildung sein.

Begriffserklärungen:

Propaganda: bewusste Veröffentlichung von Weltanschauungen oder politischen Meinungen mit der Absicht, die allgemeine Meinung zu beeinflussen

Satire: Kunstgattung, die verwendet wird, um bestimmte Ereignisse oder Verhaltensweisen, z. B. auf politischer Ebene, lustig und überspitzt wiederzugeben

Verschwörungstheorie: eine erklärende Theorie über etwas, was nicht ganz klar erscheint und dadurch zu Spekulationen einlädt, basiert auf erdachten und nicht verifizierten Theorien

M3 Fiktives Interview mit einer Politikerin

1 Partnerarbeit: Lesen Sie gemeinsam das fiktive Interview. Einer liest den Reporter, der andere die Politikerin. Arbeiten Sie im Anschluss typische Merkmale und Aspekte von Fake News heraus und unterstreichen Sie diese. Bedenken Sie dabei vor allem typische Eigenschaften, Erscheinungsformen und Auswirkungen auf die Betroffenen.

Setting: Politikerin Fanny Neumann kandidierte als Fraktionsvorsitzende für eine Partei im Bundestag, ehe ein Parteikollege mehrere propagandistische Aktionen gegen sie startete. Diese führten dazu, dass sie die Wahl verlor.

Reporter: Sehr geehrte Frau Neumann, rechnen Sie jetzt mit Neuwahlen innerhalb der Partei? Wie fühlen Sie sich?

Politikerin: Einerseits bin ich immer noch schockiert, wenn ich daran denke, was heute technisch möglich ist! Zu Beginn wurde ein manipuliertes Video von mir auf verschiedenen sozialen Netzwerken eingestellt. Darin äußerte ich mich äußerst negativ über eine bekannte Umweltschützerin und warf danach sogar noch Müll auf den Boden! Das Video sah täuschend echt aus. Danach haben mich sogar Freunde böse angegriffen. Kurzzeitig wusste ich nicht mehr, wem ich vertrauen kann. Diese Sache hat mein ganzes Leben, auch im privaten Bereich, auf den Kopf gestellt. Jetzt bin ich aber froh, dass diese Hetze ein Ende hat, und hoffe sehr, dass Neuwahlen anstehen, wenn sich die Partei von dem Schock erholt hat.

Reporter: Denken Sie, Ihr Gegenkandidat Karl Contra steckt hinter der Angelegenheit?

Politikerin: Dazu möchte ich mich nicht äußern, da die Ermittlungen hinsichtlich der Fake News noch laufen.

Reporter: Was waren die unglaublichsten Erlebnisse in diesem Kontext?

Politikerin: Ich fand es vor allem erschreckend, wie schnell und weitläufig aus dem Kontext gerissene Äußerungen von mir die Runde gemacht haben. So etwas kann versehentlich auch in der normalen Berichterstattung passieren, allerdings nicht absichtlich.

Reporter: Was erhoffen Sie sich für die Partei und was wollen Sie anderen Kollegen und Kolleginnen mit auf den Weg geben?

Politikerin: Zum einen danke ich den Menschen, die zu mir gehalten und mich unterstützt haben, allen voran meiner Familie und den Kolleginnen und Kollegen aus der Partei, die mir den Rücken gestärkt haben. Wem so etwas widerfährt, dem wünsche ich die Möglichkeit, abseits der Medien aufzutanken und das Selbstbewusstsein mithilfe von Freunden und Familie zu stärken. Für die Partei wünsche ich mir, dass ihr Bild in der Bevölkerung durch diese Angelegenheit keinen großen Schaden nimmt und sie zu Ruhe und neuer Ordnung finden kann. Ich würde mich freuen, dort eine treibende Kraft sein zu können.

M4 Die Schritte der ethischen Urteilsfindung

1 Gruppenarbeit: „Die Theorie ethischer Urteilsfindung" geht auf den Theologen H. E. Tödt zurück. Tödt nennt dabei sechs Schritte, anhand derer ein ethisches Urteil gebildet werden kann. Bilden Sie Gruppen aus vier bis fünf Personen und versuchen Sie sich gemeinsam an einer ethischen Urteilsfindung am Beispiel Fake News.

a) Analysieren und bewerten Sie mithilfe der Schritte 1 bis 5 der ethischen Urteilsfindung folgende Frage:

> „Ist es ethisch vertretbar, unbedacht Nachrichten weiterzuverbreiten, bei denen es sich um Fake News handeln könnte?"

b) Diskutieren Sie Ihre Ergebnisse im Plenum und bearbeiten Sie gemeinsam Schritt 6 der ethischen Urteilsfindung.

Ethische Probleme bzw. Konflikte sind vielfältig und häufig komplex. Für eine erste Orientierung und danach folgende Entscheidungen sind folgende Schritte hilfreich: 1. Problem feststellen, 2. Situation analysieren, 3. Handlungs- und Verhaltensoptionen benennen, 4. Werte und Normen prüfen, 5. Entscheidung treffen, 6. Entscheidung öffentlich machen.

Schritt 1: Problem feststellen
- Worin liegt das ethische Problem bei der unbewussten Verbreitung von Fake News?
- Wie reagiere ich im ersten Moment auf die Verbreitung der Fake News?

Schritt 2: Situation analysieren
- Welche Faktoren wirken auf mich ein, wenn ich Fake News unbewusst verbreite, und wie hängen sie zusammen?
- Wer ist direkt oder indirekt beteiligt?
- Wer sind in diesem Fall die Schwächsten?

Schritt 3: Handlungs- und Verhaltensoptionen benennen
- Welche Verhaltensoptionen habe ich im Umgang mit Nachrichten allgemein?
- Welche erscheinen sinnvoll? Und warum und für wen?
- Wie wirken sich die Verhaltensoptionen auf die Betroffenen aus?

Schritt 4: Werte und Normen prüfen
- Welche Werte und Normen spielen eine Rolle und welche Lösungen ergeben sich, wenn das Problem aus verschiedenen Perspektiven betrachtet wird (z. B. Philosophie, Religion etc.)?
- Wie sind diese Lösungen hinsichtlich ihrer Verträglichkeit mit Menschen und mit dem gesellschaftlichen Zusammenleben zu beurteilen?

Schritt 5: Entscheidung treffen
- Welches Verhalten im Umgang mit Nachrichten erscheint mir sinnvoll?
- Wo geben Institutionen eine Entscheidungshilfe?
- Welche Folgen hat mein Urteil?
- Können alle mit diesen Folgen leben?

Schritt 6: Entscheidung öffentlich machen
- Wie lautet meine Entscheidung? Ist die unbewusste Verbreitung von Fake News ethisch vertretbar?
- Was ist in meiner Begründung wichtig und zentral?

M5 Zusatz: Gefahren von Fake News

1 Gruppenarbeit: Erstellen Sie mithilfe der Vorlagen Werbebanner zum Thema „Against Fake News". Beschreiben und visualisieren Sie die Gefahren von Fake News.

© schemev / stock.adobe.com

© schemev / stock.adobe.com

© Marco2811 / stock.adobe.com

Erwartungshorizont

M1 Meine Meinung über ...

1.
a) *individuelle Lösungen*

b) *individuelle Lösungen*

c) *individuelle Lösungen*

M2 Was sind Fake News?

1.
a) und b) mögliche Mindmap mit konkreten Beispielen:

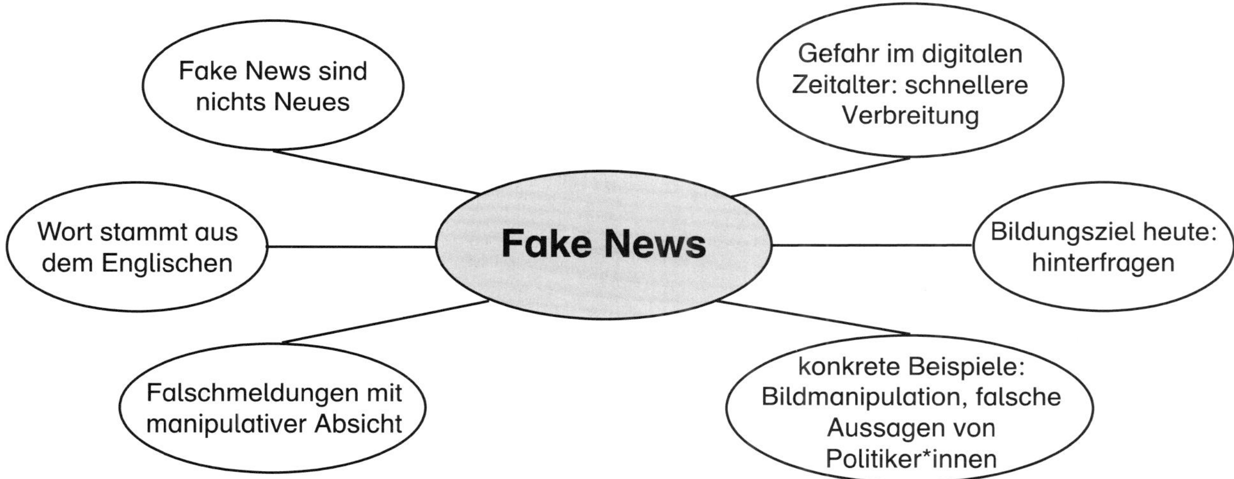

M3 Fiktives Interview mit einer Politikerin

1. typische Merkmale und Aspekte:
   - Eigenschaften von Fake News
     - „auf verschiedenen sozialen Netzwerken" (Z. 4f.)
     - „schnell und weitläufig" (Z. 17)
     - „absichtlich" (Z. 20)
   - Erscheinungsformen von Fake News
     - „manipuliertes Video" (Z. 4)
     - „Hetze" (Z. 10)
     - „aus dem Kontext gerissene Äußerungen" (Z. 17f.)
   - Auswirkungen auf Betroffene
     - „noch schockiert" (Z. 3)
     - „wusste [...] nicht mehr, wem ich vertrauen kann" (Z. 8f.)
     - „mein ganzes Leben [...] auf den Kopf gestellt" (Z. 9f.)
     - „Ermittlungen" (Z. 14)

M4 Die Schritte der ethischen Urteilsfindung

1.
a) und b) mögliche Herangehensweise an die einzelnen Schritte:

Schritt 1: Problem feststellen

Worin liegt das ethische Problem bei der unbewussten Verbreitung von Fake News?
- verbreiten sich schneller als je zuvor
- Menschen sind manipulierbar und schenken Nachrichtenportalen Glauben
- mögliche Folgen: Lügen über einzelne Personen sowie Volksverhetzungen oder Verschwörungstheorien können entstehen

Wie reagiere ich im ersten Moment auf die Verbreitung der Fake News?
- man ist geneigt, neue Informationen ohne tiefergehende Recherche oder ohne sie zu hinterfragen an andere Leute weiterzugeben

Schritt 2: Situation analysieren

Welche Faktoren wirken auf mich ein, wenn ich Fake News unbewusst verbreite, und wie hängen sie zusammen?
- das Medium Internet und seine Verbreitungsmöglichkeiten
- die Neugier der Menschen

Wer ist direkt oder indirekt beteiligt?
- diejenigen, die die Nachricht unbedarft verbreiten
- diejenigen, die sie absichtlich (oder durch Fehlrecherche) erschaffen haben
- die Betroffenen, über die Lügen verbreitet werden

Wer sind in diesem Fall die Schwächsten?
- diejenigen, über die Lügen verbreitet werden, denn was einmal im Raum steht, ist nur schwer wieder zurückzunehmen
- alle, die in irgendeiner Form Schaden genommen haben

Schritt 3: Handlungs- und Verhaltensoptionen benennen

Welche Verhaltensoptionen habe ich im Umgang mit Nachrichten allgemein?
- die Nachricht ignorieren
- die Nachrichten durch eine erweiterte Internetrecherche überprüfen

Welche erscheinen sinnvoll? Und warum und für wen?
- Es kann sinnvoll sein, die Nachricht zu ignorieren, wenn man sich nicht für das Thema interessiert.
- Es kann sinnvoll sein, die Nachrichten durch eine erweiterte Internetrecherche zu überprüfen, wenn man das Problem um die Fake News kennt und vielleicht schon andere Erfahrungen damit gemacht hat. So kann man ggf. die Verbreitung stoppen.

Wie wirken sich die Verhaltensoptionen auf die Betroffenen aus?
- positiv, da größerer Schaden von den Betroffenen abgewendet wird

Schritt 4: Werte und Normen prüfen

Welche Werte und Normen spielen eine Rolle [...]?
- Werte: Ehrlichkeit, Respekt, Achtsamkeit, Vorsicht ...
- Normen: Lügen verbreiten ist nicht in Ordnung o. ä.
- Verkürzt: Nach Kants kategorischem Imperativ ist nur jene Handlung moralisch korrekt, die zum allgemeinen Gesetz werden könnte. Demnach ist es moralisch falsch, die Nachricht einfach weiterzugeben, egal mit welcher Absicht.

Wie sind diese Lösungen hinsichtlich ihrer Verträglichkeit [...] zu beurteilen?
- humanverträglich, da keinem auf irgendeiner Ebene geschadet wird
- sozialverträglich, da niemand verurteilt und diffamiert wird

Schritt 5: Entscheidung treffen

Welches Verhalten im Umgang mit Nachrichten erscheint mir sinnvoll?
- Überprüfung durch weitere Internetrecherche, da so der größte Schaden vermieden werden kann

Wo geben Institutionen eine Entscheidungshilfe?
- Schule: das Thema im Unterricht ansprechen und diskutieren
- Kirche: vertritt die Norm „nicht lügen", d. h. besser überprüfen, bevor ich etwas weiterverbreite

Welche Folgen hat mein Urteil?
- Mit der Überprüfung schütze ich andere vor Diffamierung, wirtschaftlichem und anderem Schaden.

Können alle mit diesen Folgen leben?
- Ja, denn die Gesellschaft wird dank der Entscheidung nicht aufgrund von Lügen gespalten.

Schritt 6: Entscheidung öffentlich machen

Wie lautet meine Entscheidung? Ist die unbewusste Verbreitung von Fake News ethisch vertretbar?
- Die Klasse trifft, nachdem sie alle Gruppen gehört hat oder nach kurzer Austauschrunde (max. drei Minuten), eine Entscheidung per Handzeichen.
- Die demokratische Abstimmung führt in die Begründung, die schriftlich gesichert wird.
- mögliche Lösungen:
  (1) Die Weitergabe von Fake News ist ethisch/moralisch vertretbar, da sich jede Person selbst Gedanken über Nachrichten machen können sollte. Zudem ist man sich als Übermittler*in vielleicht nicht bewusst, dass man Fake News vor sich hat.
  (2) Die Weitergabe von Fake News ist ethisch/moralisch nicht vertretbar, da man aufgrund von Sensationsdrang oder Unachtsamkeit ganzen Existenzen schaden kann. Jede Person könnte durch so etwas seelischen oder finanziellen Schaden erleiden.

Was ist in meiner Begründung wichtig und zentral?
- alle notieren für sich selbst, z. B.: Es ist moralisch nicht vertretbar, Fake News zu verbreiten, da …

  (1) jede*r Eigenverantwortung im Denken und Umgang mit Nachrichten übernehmen sollte. (Jede*r ist gefordert!)

  (2) der Schutz der einzelnen Person und der seelischen Gesundheit an oberster Stelle steht.

M5 Zusatz: Gefahren von Fake News

1. *individuelle Lösungen*

Value Sensitive Design am Beispiel „http-Cookies“

Methodisch-didaktische Hinweise

Klasse: 11–13	Dauer: 2 bis 4 Unterrichtsstunden
Schwierigkeit: mittel	Material: M1 bis M5

Sachanalyse

Technische Möglichkeiten schreiten immer schneller voran und fordern uns auf ethisch-moralischer Ebene heraus. Lehrende und Forschende in diesem Bereich stellen Theorien zur ethischen Urteilsfindung auf, die Orientierung für den Einzelnen und die Gesellschaft geben können. Batya Friedmann aus den USA gehört dazu. Mithilfe des Konzeptes Value Sensitive Design (kurz: VSD) hat sie ein Instrument geschaffen, mit dem ethische Probleme/Dilemmata in der Welt des technischen Fortschritts betrachtet werden können.

Lernziele

Die Schüler*innen …

- können erklären, was ein Wert ist und was http-Cookies sind.
- hinterfragen ihr persönliches Surfverhalten.
- kennen eine moderne ethische Theorie im technischen Kontext.
- können den Ansatz des Konzepts Value Sensitive Design erklären.

Motivation

- Wie oft am Tag bekommen wir beim Surfen mit dem Smartphone die Frage gestellt, welche Cookies wir erlauben wollen? Welche Bedeutung Cookies haben und wie man technische Fortschritte im digitalen Bereich ethisch bewerten kann, soll Thema dieser Stunde sein.
- Spielerisch (mithilfe eines Teekesselchen-Spiels im Plenum (**M1**)) wird das Thema eingeführt, sodass die Schüler*innen an die Bildung einer eigenen Meinung zum Thema herangeführt werden.

Erarbeitungsphase

- Die Schüler*innen arbeiten aus dem Text „Cookies und Surfen“ (**M2**) heraus, was http-Cookies sind. Es schließt sich eine Ergebnissicherung im Plenum an.
- Mithilfe des Kurzfragebogens zur Selbstreflexion (**M3**) reflektieren die Schüler*innen ihren persönlichen Umgang mit http-Cookies. Es kann die Möglichkeit gegeben werden, Erkenntnisse im Plenum zu äußern.
- Nachdem die Schüler*innen den Fragebogen ausgefüllt haben, überlegen sie in Kleingruppen, was an http-Cookies gut und was zu hinterfragen ist (**M3**). Dies wird tabellarisch festgehalten. Eine Gruppe präsentiert ihre Ergebnisse im Plenum, die anderen Gruppen ergänzen.
- Es kann eine Diskussionsrunde im Plenum folgen. Dabei kann z. B. intensiver auf die Problematik der Verschiedenheit der Cookies eingegangen und die Schwierigkeit besprochen werden, dass oft, ohne darauf zu achten, Klicks durchgeführt werden, die unserer Privatsphäre schaden können.
- Im Anschluss lesen die Schüler*innen den Text „Value Sensitive Design (VSD)“ (**M4**) in Einzelarbeit und bearbeiten die Aufgaben. Daraufhin erklären sie sich den Inhalt gegenseitig in Partner*innenarbeit.
- Anhand der zweiten Aufgabe auf **M4** bewerten die Schüler*innen den ethischen Lösungsansatz VSD für den Umgang mit http-Cookies.

Vertiefung/Transfer

- Die Schüler*innen notieren für sich, ob sie etwas in ihrem persönlichen Umgang mit Cookies verändern würden. Darüber kann im Plenum anhand von Kategorien gesprochen werden (**M5**).
  Die Schüler*innen können auch nachforschen, welche Cookies in ihrem Browser aktuell gespeichert sind, und versuchen, diese zu löschen.

M1 Teekesselchen-Spiel

Ein Teekesselchen ist ein Begriff, der gleichsam für zwei unterschiedliche Dinge/Phänomene verwendet wird.

1 Die Lehrkraft liest nach und nach die Sätze vor, dazwischen kann die Klasse raten, um welchen Begriff es sich handelt.

Mein Teekesselchen schmeckt lecker.

Mein Teekesselchen hat mit dem Internet zu tun.

Mein Teekesselchen ist eine Süßigkeit.

Mein Teekesselchen speichert Daten.

In meinem Teekesselchen sind oft Schokoladenstücke.

Mein Teekesselchen ist ein englisches Wort.

Mein Teekesselchen bestätigen wir täglich oft mehrmals.

Mein Teekesselchen bedeutet auf Deutsch „Kekse".

M2 Cookies und Surfen

1 Lesen Sie den Text aufmerksam durch. Arbeiten Sie aus dem Text heraus, was Cookies sind, indem Sie die dazugehörigen Textteile grün unterstreichen.

Finn ist 23 Jahre alt, folgende Daten über ihn sollte man zum weiteren Verständnis zwischenspeichern: Finn lebt in Lübeck und studiert Gesundheitsmanagement. In seiner Freizeit surft er sowohl gerne in der Lübecker Bucht als auch im Internet. Und obwohl er sich sehr bewusst ernährt, kann er die Finger nicht von Cookies lassen.

Zum Surfen im Internet nutzt Finn hauptsächlich sein Smartphone. Dabei sollen ihm Cookies ermöglichen, die passenden Seiten für ihn zu finden. Darüber hinaus ersparen ihm Cookies das Eintippen seines Passwortes bei der Gesundheitscommunity, in welcher er sich gerne virtuell aufhält. Hierbei unterstützen ihn die sogenannten Session-Cookies, diese „merken" sich das Passwort und die Zugangsdaten, sodass Finn sich auf der passwortgeschützten Seite nicht alle paar Sekunden neu anmelden muss. Ohne sie wäre das nämlich so. Zudem sind die Session-Cookies dafür verantwortlich, dass nichts aus Finns Warenkorb beim Online-Bioladen gelöscht wird.

Aktuell bereitet sich Finn auf eine Prüfung in Ernährungslehre vor, was ein Teil seines Studiums ist. Er sucht im Internet daher Informationen zu verschiedenen Zuckerarten. Hierbei findet er auf verschiedenen Seiten etwas zur Herkunft, Verarbeitung sowie zur Auswirkung des Zuckers auf den menschlichen Organismus. Er kommt dabei auf verschiedene Seiten, die von ihm ein „Akzeptieren" erwarten. Finn möchte schnell an seine Infos kommen und akzeptiert, ohne groß darüber nachzudenken, alle Cookies auf den Seiten, die er findet. Dabei speichern sich jede Menge Textdateien in seinem Browserordner zwischen: Finns gewählte Sprache, die Adresse seines Computers (IP-Adresse), sogar sein Name und seine E-Mail-Adresse. Sowohl seine Apps, die besuchten Shoppingseiten als auch die Suchmaschine können jetzt in seinem Browserfensterspeicher mitlesen. Die Netzwerkadministratoren in seiner Lieblingsrestaurantkette wissen daher schon so manches über Finn, z. B. welche Medikamente er nimmt und mit wem er flirtet.

Während Finn weiter nach Zusatzinformationen für seine Prüfung sucht, werden ihm Werbebanner über Reisen eingeblendet. Das nervt. Und überhaupt ist das ewig her, dass er sich online zuletzt über Flugreisen in Surfregionen informiert hat. Da haben wohl die Trackingcookies zugeschlagen. Diese lassen Finn die personalisierte Werbung zukommen und sie bleiben auf Dauer gespeichert.

Da Finn jetzt einige Prüfungen vor sich hat und ohnehin in nächster Zeit nicht verreisen kann, ärgert ihn das schon ein bisschen mit dieser Werbung. Er beginnt darüber nachzudenken, inwiefern ihn diese Werbung beeinflusst.

Kurz über sich selbst schockiert, kommen seine Gedanken aber wieder zurück zum Prüfungsstoff und Finn beschließt, im Sommer zwischen den Prüfungen mit seinem Surfbrett einfach ein paar Mal zur Entspannung an die Lübecker Bucht zu fahren.

M3 Kurzfragebogen zur Selbstreflexion

1 Reflektieren Sie Ihren eigenen Umgang mit http-Cookies mithilfe des Kurzfragebogens. Kreuzen Sie die Aussagen an, die auf Sie zutreffen.

1. Wie schätzen Sie Ihr Surfverhalten im Internet ein?
   - ◯ Ich surfe oft im Internet, mehr als zwanzigmal täglich.
   - ◯ Ich surfe durchschnittlich viel im Internet, ich suche vor allem mit Absicht und nicht einfach so nach Dingen im Internet.
   - ◯ Ich finde das Surfen im Internet frisst zu viel Zeit, weshalb ich generell versuche, mich zu distanzieren.
   - ◯ Das ist schwierig zu sagen, wahrscheinlich bin ich eine Mischung aus allen genannten Typen, abhängig von …

   ___

2. 2018 hat die EU das Gesetz verabschiedet, dass alle Internetseiten den Besuchern erlauben müssen, die Tracking-Cookies abzulehnen. Session-Cookies (auch essenziell/funktional genannt) müssen immer akzeptiert werden, da sie die Funktionalität der Seite garantieren.

   Wenn Sie im Internet unterwegs sind, wie oft akzeptieren Sie alle Cookies?
   - ◯ Eigentlich immer, passiert ja nichts.
   - ◯ Wenn ich Zeit habe, dann ändere ich die Einstellungen oder lehne Cookies ab.
   - ◯ Ich akzeptiere die Cookies und lösche sie später wieder aus dem Browser.
   - ◯ Ich mache mir die Mühe und klicke die nicht notwendigen Cookies immer weg.
   - ◯ Das kommt auf die Glaubwürdigkeit der Internetseite an, manchen erlaube ich Cookies, da diese mir helfen, bessere Angebote zu finden.

3. Haben Sie das Gefühl, dass Sie wissen, was http-Cookies alles können?
   - ◯ Nein, ich habe die technischen Zusammenhänge nicht im Blick.
   - ◯ Ja, ich denke, ich habe deren Funktion voll durchschaut.
   - ◯ Teilweise habe ich einen Einblick, was ich erlaube, wenn ich „Akzeptieren“ wähle. Manches ist mir allerdings unklar.

2 Gruppenarbeit: Diskutieren Sie in Kleingruppen, was Sie an http-Cookies positiv bewerten und was Sie hinterfragen wollen. Stellen Sie dies tabellarisch dar!

M4 Value Sensitive Design (VSD) (1)

1 Lesen Sie den Text in Einzelarbeit durch.

a) Fassen Sie die Inhalte des Textes mit folgender Lesetechnik zusammen:
- Markieren Sie Ihren Text mithilfe von Emojis.
- Benutzen Sie für die drei wichtigsten Informationen aus dem Text je einen Herz-Emoji .
- Für fünf weitere interessante, aber nicht ganz so bedeutende Informationen nutzen Sie einen freudigen Emoji .

b) Besprechen Sie Ihre Emojis mit einem Partner.

Value Sensitive Design ist ein ethischer Normbegründungsansatz, der hinsichtlich des schnellen technischen Fortschritts zum Einsatz kommt. Beispielsweise werden Sicherheitsfragen damit diskutiert. Entwickelt wurde dieser Ansatz von Batya Friedmann. Sie ist eine US-amerikanische Universitätsprofessorin und arbeitet im Bereich der Nutzer-Computer-Forschung.

Die Grundlage dieses ethischen Ansatzes sind Werte (engl. value). Werte sind Vorstellungen und Inhalte, die unser Handeln beeinflussen. Ist mir z. B. meine Datensicherheit als Wert sehr wichtig, dann werde ich nicht alle möglichen Informationen über mich im Internet streuen. Werte können neben immateriellen Aspekten wie Respekt, Freundschaft, Freiheit oder Ehrlichkeit darüber hinaus aber auch materielle Dinge sein wie ein Haus. Value Sensitive Design bedeutet also, dass ein technisches Vorgehen oder Konzept auf die Werte, die damit verbunden sind, geprüft wird. Dabei werden verschiedene Personengruppen einbezogen, die mit Cookies in Kontakt kommen, wie z. B. die Nutzer oder die Websitebetreiber, die die Cookies nutzen.

Das VSD verfährt in drei Untersuchungsschritten: (1) Conceptual Investigation, (2) Empirical Investigation, (3) Technical Investigation. Im Folgenden werfen wir einen kurzen Blick darauf, wie das VSD bei der Bewertung von http-Cookies helfen kann und wie auf der Grundlage einer fundierten Betrachtung so auch rechtliche Änderungen begründet werden können, wie z. B. die Regel, dass Websitebetreiber die Zustimmung für Cookies zuerst beim User einholen müssen.

© metamorworks/stock.adobe.com

M4 Value Sensitive Design (VSD) (2)

Die Conceptual Investigation fragt im Zusammenhang mit http-Cookies danach, welche Personengruppen von ihrer Verwendung betroffen sind. Als die beiden Hauptgruppen können hier die User der Internetseiten sowie die Websitebetreiber genannt werden. Eine weitere Frage dieses ersten Schrittes ist es, die Werte, die sich hinter der Nutzung von Cookies verbergen, zu ordnen. Denkbare Werte auf der Seite der User könnten sein: einfache, zeitsparende und funktionierende Nutzung der Website, Schutz der eigenen Daten, Vorteile durch passende Werbeangebote etc. Diese Werte ordnet jede Person für sich individuell an. Dennoch ist bei einem Querschnitt von vielen befragten Personen zu erwarten, dass ein freiwillig bestimmtes Maximum an Datenschutz mit einem Maximum an Funktionsfähigkeit Werte sind, die ganz oben stehen. Die Betreiber der Website wollen hauptsächlich ihre Funktion garantieren und durch gezielte Datensammlung mehr Umsatz generieren. Die Werte Umsatzmaximierung und Funktion stehen wahrscheinlich bei den meisten Unternehmen eher an den oberen Stellen des Werterankings.

Im zweiten Schritt, der Empirical Investigation, wird in der Praxis überprüft, wie die Cookies tatsächlich genutzt werden und wo dabei die Werte der unterschiedlichen Interessengruppen stehen. Dabei fällt auf, dass sich die Websitebetreiber natürlich an die 2018 erlassene Regelung der Cookie-Abfrage halten, jedoch ist das Ablehnen von Cookies in vielen Fällen erschwert oder kaum möglich. Der User muss sich auf vielen Seiten durch eine lange Liste von Nutzungsrechten klicken. Dabei wird der Wert des Zeitsparens oder der Privatsphäre beim User, insofern er hoch eingestuft ist, wenig bis gar nicht beachtet.

Die Technical Investigation fragt danach, inwiefern die Technik, die hinter den Cookies steckt, Werte unterstützt. Session-Cookies tragen in ihrer technischen Funktion zur einfachen und zeitsparenden Nutzung einer Website bei. Tracking-Cookies tragen durch ihre Technik zur Möglichkeit bei, Werbung für Kunden personalisiert zu erstellen.

2 Stellen Sie sich vor: Sie werden von einem Online-Portal, welches sich für die digitale Aufklärung und Bildung der Bevölkerung einsetzt, gebeten, eine Bewertung zu schreiben. Ihre Aufgabe ist die Bewertung des ethischen Lösungsansatzes VSD für den persönlichen Umgang mit Cookies. Gehen Sie in Ihrer Bewertung auf folgende Fragen und Aspekte ein:

- Trägt das Value Sensitive Design aus Ihrer Sicht zum ethisch verantwortbaren Umgang mit Cookies bei?
- Denken Sie in Ihrer Bewertung an positive und negative Aspekte von http-Cookies.
- Wo liegen Grenzen dieser ethischen Betrachtung und in welchen Bereichen sehen Sie Handlungsbedarf?

M5 Zusatz: Umgang mit http-Cookies

1 Besprechen Sie im Plenum Ihren Umgang mit http-Cookies. Betrachten Sie dabei die folgenden Kategorien und machen Sie sich Notizen in der Tabelle.

Kategorie	Notizen
Unterscheiden Sie künftig beim Akzeptieren von Cookies zwischen den unterschiedlichen „Cookie-Arten"?	
Wie sieht Ihr persönliches Ranking bei folgenden Werten aus? Was ist Ihnen beim Surfen im Netz am wichtigsten oder weniger wichtig? Werte: (1) Zeitersparnis beim Surfen (2) Funktionsfähigkeit der Website (3) Schutz meiner Daten (4) Freiheit in meinen Zustimmungsentscheidungen bzgl. meiner Daten (5) passende Werbeangebote	
Hat die Unterrichtsstunde Ihre Einstellung in irgendeiner anderen Weise beeinflusst? Wollen Sie künftig konkret Ihr Verhalten überdenken/ändern?	

Erwartungshorizont

M1 Teekesselchen-Spiel

1. Die Antwort lautet Cookies.

M2 Cookies und Surfen

1. Unterstrichen werden sollte:
   - […] Cookies ermöglichen, die passenden Seiten für ihn zu finden. (Z. 6)
   - […] ersparen ihm Cookies das Eintippen seines Passwortes […] (Z. 6f.)
   - […] Session-Cookies, diese „merken" sich das Passwort und die Zugangsdaten, sodass Finn sich […] nicht alle paar Sekunden neu anmelden muss. (Z. 8ff.)
   - Zudem sind die Session-Cookies dafür verantwortlich, dass nichts aus Finns Warenkorb beim Online-Bioladen gelöscht wird. (Z. 11f.)
   - […] Seiten, die von ihm ein „Akzeptieren" erwarten. (Z. 16f.)
   - Dabei speichern sich jede Menge Textdateien in seinem Browserordner zwischen: Finns gewählte Sprache, die Adresse seines Computers (IP-Adresse), sogar sein Name und seine E-Mail-Adresse. Sowohl seine Apps, die besuchten Shoppingseiten als auch die Suchmaschine können jetzt in seinem Browserfensterspeicher mitlesen. (Z. 19ff.)
   - […] werden ihm Werbebanner über Reisen eingeblendet. […] Da haben wohl die Trackingcookies zugeschlagen. Diese lassen Finn die personalisierte Werbung zukommen und sie bleiben auf Dauer gespeichert. (Z. 25ff.)

M3 Kurzfragebogen zur Selbstreflexion

1. *individuelle Lösungen*
2. mögliche positive und negative Aspekte von http-Cookies:

positive Aspekte	negative Aspekte
• merken sich z. B. Passwörter, was das Surfen bequem macht • ermöglichen, dass eine ständige Anmeldung auf passwortgeschützten Seiten nicht nötig ist • personalisierte Werbung kann beim Shopping etc. helfen	• Passwörter können durch das Merken leicht ausgespäht werden • merken sich verschiedene private Daten wie z. B. den Namen und die E-Mail-Adresse • Tracking-Cookies generieren personalisierte Werbung, die manipulieren kann

M4 Value Sensitive Design (VSD)

1.

a) und b) mögliche wichtige und interessante Informationen aus dem Text:
   - VSD dient der Normbegründung im sich technisch schnell weiterentwickelnden Bereich.
   - Die Normbegründungstheorie gründet sich auf Werten.
   - Die Werte hinter Neuentwicklungen etc. werden in drei Schritten überprüft: (1) Conceptual Investigation, (2) Empirical Investigation, (3) Technical Investigation.
   - Die Entwicklerin der Theorie ist US-Professorin im PC-Bereich (Batya Friedmann).
   - „Conceptual Investigation" betrachtet, welche Werte für alle von einer Entwicklung betroffenen Personen zum Tragen kommen.
   - „Empirical Investigation" konzentriert sich darauf, wie die Werte der einzelnen Parteien in der Praxis auftauchen.
   - „Technical Investigation" fragt danach, ob die Technik die gewünschten Werte aus Schritt 1 voranbringt.

2. mögliche Antworten auf die Fragen:
   - Trägt das Value Sensitive Design aus Ihrer Sicht zum ethisch verantwortbaren Umgang mit Cookies bei?
     VSD nimmt alle Personengruppen in den Blick, die von einer Entwicklung/einem technischen Fortschritt betroffen sind. Dabei werden unterschiedliche Werte deutlich, z. B. Profit auf der Seite der Unternehmen, die mithilfe von Tracking-Cookies personalisierte Werbung generieren lassen. Diese differenzierte Betrachtung von Personengruppen, Nutzungsvorteilen und vielleicht auch Nachteilen durch das VSD ermöglicht eine Meinungsbildung. Darüber hinaus bleibt VSD nicht nur auf einer theoretischen Ebene. In empirischen Studien geht es der Technikverwendung und den Werten „dahinter" auf den Grund.
   - Denken Sie in Ihrer Bewertung an positive und negative Aspekte von http-Cookies.
     Am Beispiel der Cookies wird man auf der Seite von Nutzer*innen, welche die größte Anzahl an Betroffenen darstellen, als möglichen negativen Aspekt die Datensicherheit aufführen und als möglichen positiven Aspekt das bequeme Surfen im Internet.
   - Wo liegen Grenzen dieser ethischen Betrachtung und in welchen Bereichen sehen Sie Handlungsbedarf?
     Hier merkt man, dass man durchaus eine Vielzahl an Menschen empirisch befragen muss, um wirklich eine Art Querschnitt des Werterankings zu erhalten. Zudem ändern sich Werte in Gesellschaften, sodass dieser wertebasierte Ansatz sich stetig im Fluss befinden müsste. Gesetzesänderungen könnten sich häufen, wenn sie auf dieser Art der Betrachtung basieren.

M5 Zusatz: Umgang mit http-Cookies

1. *individuelle Lösungen*

Künstliche Intelligenz und Dystopie

Methodisch-didaktische Hinweise	
Klasse: 11–13	Dauer: 2 bis 4 Unterrichtsstunden
Schwierigkeit: mittel	Material: M1 bis M7, Metaplankarten (für M7 werden Bibeln benötigt)

Sachanalyse

Seit die Technik voranschreitet, entstehen durch sie Chancen und Gefahren. Diese realistisch einschätzen zu können, ist vor allem in unserer schnelllebigen Zeit von Bedeutung. Künstliche Intelligenz (kurz KI, engl. AI) spielt hier heutzutage eine große Rolle.
Parallel zu den Entwicklungen entstehen auch sogenannte Dystopien. In den letzten Jahrzehnten entstanden zahlreiche Bücher und Filme zu diesem Thema. Die Unterrichtsstunde steht unter dem Motto „Technischer Fortschritt als Geschenk oder Schreckgespenst?".

Lernziele

Die Schüler*innen ...

- können wiedergeben, wo uns KI im Alltag begegnet.
- können erläutern, was man unter schwacher und starker KI versteht.
- kennen das Prinzip von Algorithmen und können es erklären.
- reflektieren an einem Beispiel die konkreten Chancen und Gefahren der KI.
- kennen den Begriff Dystopie und reflektieren, welche Gedanken der vorgegebenen Dystopien ihnen als reale Gefahr erscheinen und welche nicht.

Motivation

- KI begegnet uns im Alltag. Zu Beginn schätzen die Schüler*innen auf dem Arbeitsblatt „Künstliche Intelligenz (KI) oder nicht?" (**M1**) ein, ob es sich auf den dargestellten Bildern um eine KI handelt oder nicht.
- So baut sich Spannung auf und die Klasse nähert sich dem Begriff künstliche Intelligenz an.

Erarbeitungsphase

- Anschließend wird der Text „Künstliche Intelligenz" (**M2**) in Zweierteams erarbeitet, um das Thema zu vertiefen und den Schüler*innen den Unterschied zwischen schwacher und starker KI näher zu bringen. Dieser Unterschied kann im Plenum vertieft werden, indem die Lehrkraft die Bilder aus **M1** in schwache oder starke KI einordnen lässt.
- Mithilfe des YouTube-Videos und des Arbeitsblattes zum Thema „Algorithmen" (**M3**) wird gemeinsam in der Klasse erarbeitet, was Algorithmen sind und was sie können.
- Im Anschluss bringen die Schüler*innen die Geschichte der KI (**M4**) in Zweierteams in die chronologisch richtige Reihenfolge. Dazu kann z. B. ein Padlet verwendet werden. Allerdings ist die Bearbeitung auch analog möglich, indem die Schüler*innen die einzelnen Geschichtsabschnitte nummerieren oder ausschneiden und in die richtige Reihenfolge bringen.
- Mithilfe des Arbeitsblattes „Chancen und Gefahren von KI" (**M5**) arbeiten die Schüler*innen anhand eines konkreten Beispiels (autonomes Fahren) in Kleingruppen die Chancen und Gefahren von künstlicher Intelligenz heraus. Die Ergebnisse werden in der Klasse verglichen oder die Gruppen werden durchgemischt und präsentieren ihre Ergebnisse den anderen.

Vertiefung/Transfer

- Vom Themenbereich Gefahren aus kann zu den Dystopien übergeleitet werden. Dazu dient das Arbeitsblatt „Dystopien" (**M6**), welches die Schüler*innen in Einzelarbeit bearbeiten. Darauf folgt eine kurze Besprechung zu der Frage, ob der aktuelle technische Fortschritt bedrohlich erscheint.
- Einen Zusatz, der sich besonders für den Religionsunterricht eignet, stellt das Arbeitsblatt „Der Turmbau zu Babel" (**M7**) dar. Dieses kann in Einzel- oder Gruppenarbeit erarbeitet und in der Klasse besprochen werden. Hierzu werden Bibeln benötigt.

M1 Künstliche Intelligenz (KI) oder nicht?

1 Handelt es sich auf den Bildern um künstliche Intelligenz (KI) oder nicht? Notieren Sie Ihre Einschätzung und eine kurze Begründung unter den Bildern.

Ampel

Social Media

Kaffeemaschine

Bandfertigung durch Roboter

Sicherheitssystem am Bahnhof

Gesichtserkennung

Streamingdienste

Personalisiertes Marketing

M2 Künstliche Intelligenz

1 Partnerarbeit: Lesen Sie beide den Text allein und arbeiten Sie im Anschluss gemeinsam die wichtigsten Aspekte über künstliche Intelligenz (KI) heraus. Machen Sie sich Notizen. Folgende Fragen helfen Ihnen dabei:

- Was versteht man unter KI?
- Wo begegnet uns KI im Alltag?
- Was versteht man unter schwacher KI?
- Was versteht man unter starker KI?

Fast jeder hat eine Vorstellung von künstlicher Intelligenz und ein Beispiel dazu im Kopf. Künstliche Intelligenz begegnet uns heutzutage in den unterschiedlichsten Formen, z. B. in Form eines Sprachassistenten oder auch beim autonomen Fahren.

In enger Verbindung mit KI steht der Begriff *deep learning*. Das bedeutet, dass eine Maschine in komplexen Zusammenhängen lernen kann. Ähnlich wie wenn im menschlichen Gehirn durch neuronale Reize ein Denk- oder Bewegungsvorgang in Gang kommt, bedienen sich Forscher bei der Konstruktion einer KI komplexer künstlicher neuronaler Netzwerkstrukturen. Bei einer künstlichen Intelligenz ist ein Reiz kein Geräusch oder Licht, es handelt sich um Datensätze, mit denen die KI gefüttert wird. Diese verarbeitet sie in ihrer neuronalen Struktur, was zu einem bestimmten Output führt. Das geschieht auf Grundlage von mathematischen Formeln. Allerdings ist nicht genau vorherzusagen, wie die KI die Daten verarbeitet, da die neuronalen Netze sehr komplex sind. Dadurch entstehen auch subtile Fehlberechnungen. Intuitive menschliche Handlungen, wie z. B. Spracherkennung, ist einfach in mathematische Formeln zu packen. KI-Systeme werden jedoch immer besser und können auf Bildern z. B. menschliche Gesichter oder Ampeln erkennen, da sie mit vielen Daten „gefüttert“ wurden. Das System ist selbstverständlich nur so gut wie seine Daten. Sehen Ampeln in einem anderen Land eventuell etwas anders aus, werden sie nicht unbedingt erkannt.

Die KI-Systeme, die wir aus unserem Alltag kennen, nennt man schwache KI. Damit haben wir viel Kontakt. Gleich morgens beim Entsperren des Smartphones mit dem Face-ID treten wir mit einer KI in Kontakt. Ein weiterer Kontakt findet statt, wenn wir den Sprachassistenten darum bitten, uns an etwas zu erinnern. Die Navigation durch die Stadt ist ein weiterer Kontakt mit einer schwachen KI. Und auch wenn die Suchmaschine uns passende Werbung vorschlägt, sind wir erneut in Kontakt mit einer KI. Eine schwache KI handelt sozusagen mithilfe von Daten, als wäre sie intelligent.

Was ist dann eine starke KI? Ist sie besser als der Mensch?
Die Unterscheidung zwischen schwacher und starker KI ist umstritten. Es gibt Wissenschaftler, die sagen, dass noch keine starke KI entwickelt wurde. Jedoch gibt es folgende Übereinkunft: Eine KI gilt als stark, wenn sie gezielt planen, logisch denken, dazulernen, in Dilemmasituationen entscheiden und menschlich kommunizieren kann. Sie kann mit mehr als einem „Problem“ zurechtkommen. Die starke KI kann sich ein Ziel setzen und dazu alle diese Kompetenzen nutzen. Bisweilen wird eine KI als stark bezeichnet, wenn sie zwei der genannten Eigenschaften besitzt.

M3 Algorithmen

1 Sehen Sie sich das Video an. Stellen Sie mithilfe des Videos fest, ob die Aussagen in der Tabelle richtig oder falsch sind.

Aussage	richtig	falsch
1. Algorithmen kommen in vielen technischen Geräten und künstlichen Intelligenzen vor, die wir täglich verwenden, ein gutes Beispiel sind z. B. Streaming-Plattformen.		
2. Algorithmen sind Vorgehensweisen, um Probleme zu lösen. Sie gehen immer gleich und Schritt für Schritt vor.		
3. Algorithmen haben nichts mit mathematischen Formeln oder Matrizen zu tun.		
4. Ein Mensch kann das Problem trotzdem noch besser lösen als der Computer mithilfe seines Algorithmus, wenn es z. B. um das Sortieren von großen Datenmengen geht.		
5. Ein Algorithmus kann mit einem Rezept/einer Anleitung verglichen werden.		

M4 Die Geschichte der KI

1 Bringen Sie folgende Abschnitte in die chronologisch richtige Reihenfolge. Recherchieren Sie Zusatzinformationen zum jeweiligen Ereignis im Internet und ergänzen Sie damit Ihre Zeitleiste. Die Abschnitte sind richtig sortiert, wenn Sie aus den Buchstaben zu Beginn ein sinnvolles Wort bilden können.

(G) 1956 findet eine Konferenz unterschiedlichster Wissenschaftler, darunter Mathematiker, Ingenieure und Psychologen, statt, die sich das Bauen einer intelligenten (lernenden) Maschine in den Kopf gesetzt haben. ◯

(R) Der Computer Logic Theorist wird erstmals vorgestellt. Er ahmt bewusst menschliche Problemlösungsstrategien nach. ◯

(M) Der „Winter der künstlichen Intelligenz“ hält Einzug. ◯

(A) Der Mathematiker Alan Turing ist mitverantwortlich für einen der ersten großen Erfolge der Informatik. Erreicht wurde dieser durch das Rechensystem Colossus, welches den Code von Enigma entschlüsselte. ◯

(L) Erste Computer entstehen, zunächst der im Krieg zerstörte Z3, dann ENIAC in den USA. In den 1950er Jahren entwickeln Wissenschaftler die Geräte weiter, sodass sie zu einer ansehnlichen Rechenleistung kommen. ◯

(T) Dem Elektroingenieur Samuel gelingt es, einen IBM-Großrechner so zu programmieren, dass er durch Informationen über Spielzüge beim Damespielen die mit den höheren Gewinnchancen ausfindig machen kann. Eine Maschine lernt. ◯

(O) Neuronale Netze rücken erstmals in den Fokus der Wissenschaftler. ◯

(I) Die Programmiersprache LISP bringt die Entwickler weiter auf dem Weg zur KI. ◯

(H) Roboter mit Sensoren erscheinen in den Fabriken und unterstützen die Produktion. ELIZA führt erste Konversationen mit Menschen. Maschinen werden gewinnbringend in der Medizin eingesetzt. ◯

(S) Das Internet wird für alle zugänglich und Deep Blue schlägt den amtierenden Schachweltmeister. ◯

(U) Nuance kommt auf den Markt und ist auf ihrem Gebiet schon weit. ◯

M5 Chancen und Gefahren von KI

1 Gruppenarbeit: Lesen Sie den Text zunächst selbstständig und aufmerksam durch.

a) Unterstreichen Sie die Chancen und Vorteile des autonomen Fahrens farbig.

b) Überlegen Sie in der Gruppe, wo Gefahren oder Probleme mit dieser Technik auftreten können, indem Sie die Chancen und Vorteile betrachten und analysieren, wo darin auch Nachteile stecken könnten, wenn kein menschlicher Fahrer mehr am Steuer sitzt.

Autonomes Fahren

Stellen wir uns eine Straße in einer Wohnsiedlung vor. Vielleicht denken Sie gerade an die Straße, in der Sie wohnen? Links und rechts parken Autos an der Straße und die Parkplätze sind oftmals rar. Das liegt aber vor allem daran, dass beim Parken oft einiges an Platz verschenkt wird. Wäre es nicht fantastisch, wenn die Autos sich selbst in die Reihe stellen könnten? Wenn sie sich optimal aufreihen könnten, wenn ein Auto wegfährt, um so vielleicht Platz für zwei neue Autos zu schaffen?

Oder stellen Sie sich vor: Ihnen fällt ein, dass Sie die Lieblingskäsesorte Ihres Freundes beim Einkaufen vergessen haben! Dabei hatten Sie ihm doch versprochen, damit zu kochen! Vielleicht ist es bald möglich, in solchen Fällen ein autonomes Fahrzeug zu ordern, dass Sie noch mal kurz und schnell zum Laden bringt. Das wäre deutlich besser und angenehmer, als mit dem Fahrrad hektisch noch mal zum Laden zu rasen. Dabei entstünden sicherlich auch deutlich weniger Unfälle. Und bequem wäre es auch noch, man könnte zum Beispiel dabei etwas lesen oder im Internet surfen. Die Parkplatzsuche entfiele dabei ebenfalls. Und nach dem Einkauf stünde schon das nächste autonome Auto für Sie bereit. Solche autonomen Autos würden von selbst am Zebrastreifen anhalten, da ihr Radar erkennen würde, dass jemand die Straße überqueren möchte. Die Car-to-car-Kommunikation mit anderen Fahrzeugen hätte zudem den positiven Effekt, dass es viel weniger Staus gäbe. Der gesamte Verkehrsfluss wäre dann aufeinander abgestimmt. Ultraschallsensoren würden dafür sorgen, dass man zu Hause nicht mitten auf der Straße, sondern in der Nähe des Gehweg-Bordsteins aussteigen könnte.

Eine geniale Vorstellung, oder?

Gibt es daran überhaupt negative Seiten oder Gefahren? Was denken Sie?

M6 Dystopien

1 Lesen Sie den folgenden Text aufmerksam durch.

a) Fassen Sie den nachfolgenden Text in eigenen Worten zusammen. Machen Sie sich Notizen.

b) Schreiben Sie eine kurze Stellungnahme dazu, ob solche Dystopien ernst zu nehmen sind. Bringen Sie Ihren Standpunkt in einer Plenumsdiskussion ein.

Der Begriff Dystopie kommt aus dem Griechischen und bedeutet wörtlich übersetzt ein „schlechter/krankhafter Ort“. Das Gegenteil einer Dystopie ist die sogenannte „Utopie“. Utopie bedeutet wörtlich übersetzt „nicht Ort“. Eine Utopie ist die Zukunftsvision der Welt komplett ins Positive gewandelt. Eine Welt, die so gut ist, wie wir sie uns gar nicht besser vorstellen können. Demnach ist eine Dystopie eine beängstigende Vorstellung davon, wie die Welt in Zukunft aussehen könnte.

Zahlreiche Filme und Bücher beschäftigen sich mit dem Thema „Dystopie“. Dabei bewegt die Autoren die starke Emotion der Zukunftsangst. Verstärkt wird diese stets durch Neuerungen sowie technische oder gedankliche Fortschritte, die aus dem Gewohnten herausführen.

Bei Dystopien kann man zwischen gesellschaftlichen, wirtschaftlichen und ökologischen unterscheiden. Matrix, Minority Report, Die Tribute von Panem, Die Bestimmung und Blade Runner 2049 gehören beispielsweise dazu. In vielen von ihnen spielt weiterentwickelte Technik eine Rolle, die die Menschen manipuliert. Die KI beginnt menschlich zu fühlen oder bedroht die Menschheit. Darüber hinaus gibt es auch Dystopien über Maschinen, die sich einer Super-Intelligenz annähern.

Für die Schnellen Wenn Sie Ihre Stellungnahme verfasst haben, können Sie sich den nachfolgenden Trailer ansehen. Welche dystopischen Elemente fallen Ihnen auf? Diskutieren Sie mit einem Partner.

M7 Zusatz: Der Turmbau zu Babel

1 a) Lesen Sie Kapitel 1 Mose 11,1–9 (Gen 11) durch und notieren Sie sich, was Ihnen im ersten Moment durch den Kopf geht. Formulieren Sie daraus drei Fragen an Gott oder die Menschen, welche im Text vorkommen.

b) Lesen Sie die nachfolgenden Kurzinterpretationen der Textstelle durch. Welche erscheint Ihnen schlüssig? Begründen Sie.

Kurzinterpretationen der Bibelstelle

1. Es handelt sich um eine Strafe Gottes. Die Menschen bauen den Turm nur um des Ruhmes Willen und für ihren eigenen Vorteil, deshalb zerstreut Gott die Völker, die fortan unterschiedliche Sprachen sprechen. Dann wird eine größenwahnsinnige Zusammenarbeit schwerer möglich.
2. Es handelt sich um eine Befreiung durch Gott. Auch heute werden Sprache, Kultur und Religion noch zur Unterdrückung von Menschen verwendet. Indem Gott die Sprachen verwirrt, versucht er die Menschen von dieser Überwachungskultur (wer oben auf dem Turm steht, kann alle(s) sehen) zu befreien.
3. Es geht in dieser Erzählung um den Egoismus und die Eitelkeit Gottes. Wenn die Menschen beginnen, sich weiterzuentwickeln und viel erreichen, erträgt Gott das nicht. Seine kleinen Geschöpfe kommen ihm zu nah.
4. Es geht in dieser Erzählung um Vielfalt und damit um die Vermeidung von Intoleranz. Die Menschen waren ursprünglich ein Volk, das zusammengearbeitet hat und sich erst später in verschiedene Kulturen aufgeteilt hat. Die Erzählung zeigt, dass wir alle zusammengehören.

2 Lesen Sie Jakobs Problem. Formulieren Sie eine mögliche Antwort auf Jakobs Frage.

Jakob ist 10 Jahre alt und wohnt in Ihrer Nachbarschaft. Später möchte er wie sein Opa Maschinenbau studieren. Er tüftelt gerne, schraubt an verschiedenen Geräten herum und erfindet mehr oder minder nützliche Dinge. Kürzlich hat er auf dem Schreibtisch seines Opas einen Artikel über den Turmbau zu Babel liegen sehen und dabei auch die Geschichte gelesen. So ein motivierter Turmbau begeistert ihn. Allerdings ist Jakob gerne in der Kirche und betet auch. Nun fragt er sich, ob Gott gar nicht möchte, dass man Sachen baut und schafft, die die Menschen voranbringen. Er erzählt Ihnen ganz geknickt von seiner Verwirrung. Was antworten Sie ihm?

3 Setzen Sie die Erzählung vom Turmbau zu Babel mit den Chancen und Gefahren von KI in Beziehung. Machen Sie sich dazu Notizen.

Erwartungshorizont

M1 Künstliche Intelligenz (KI) oder nicht?

1. Ampeln, Kaffeemaschinen, Bandfertigungen durch Roboter und Sicherheitssysteme am Bahnhof sind meist nur programmiert und zählen damit nicht zu KI. Bei der Ampel gibt es allerdings schon Pilotprojekte, die eine KI gestützte Ampel zu einem besseren Verkehrsfluss nutzen wollen.

   Social Media, Gesichtserkennungen, Streamingdienste und personalisiertes Marketing zählen zu KI. Sie sammeln Daten und „lernen" so auf einer bestimmten Ebene. Sie bleiben nicht auf dem Ausgangsstatus stehen, mit dem sie programmiert wurden. Dadurch „lernt" z. B. der Streamingdienst die Nutzer*innen besser kennen und bietet ihnen passende Serien an.
   Eine starke KI ist hier nicht dabei.

M2 Künstliche Intelligenz

1. mögliche Antworten:

   - Was versteht man unter KI?
     Eine künstliche Intelligenz sammelt Daten. Sie kann dadurch komplexe Probleme lösen, z. B. das Sortieren großer Datenmengen.
   - Wo begegnet uns KI im Alltag?
     Künstliche Intelligenz ist heutzutage allgegenwärtig. Sie begegnet uns bei der Gesichtserkennung im Smartphone, bei der Nutzung von Sprachassistenten, im Navigationssystem, bei der Nutzung von Suchmaschinen oder im Fall von personalisierter Werbung.
   - Was versteht man unter schwacher KI?
     Im Grunde gibt es aktuell nur schwache KI, auch wenn manche stark erscheinen. Eine schwache KI handelt aufgrunddessen, dass sie mit Daten gefüttert wird. Sie handelt, als wäre sie intelligent. So kann sie uns z. B. passende Angebote beim Onlineshopping machen, da eine Marketing-KI unsere Daten durch http-Cookies übermittelt bekommen hat.
   - Was versteht man unter starker KI?
     Eine KI gilt als stark, wenn sie gezielt planen, logisch denken, dazu lernen, in Dilemmasituationen entscheiden und menschlich kommunizieren kann. Sie kann mit mehr als einem „Problem" zurechtkommen. Die starke KI kann sich ein Ziel setzen und dazu alle diese Kompetenzen nutzen. Bisweilen wird eine KI als stark bezeichnet, wenn sie zwei der genannten Eigenschaften besitzt.

M3 Algorithmen

1. richtige Aussagen: 1, 2, 5 falsche Aussagen: 3, 4

M4 Die Geschichte der KI

1. Die Aufgabe ist richtig gelöst, wenn die Abschnitte so aufeinander folgen, dass deren Buchstaben das Wort ALGORITHMUS ergeben.

M5 Chancen und Gefahren von KI

1. mögliche Chancen und Vorteile im Text:
   - [...] sich optimal aufreihen könnten, wenn ein Auto wegfährt, um so vielleicht Platz für zwei neue Autos zu schaffen? (Z. 5f.)
   - [...] ein autonomes Fahrzeug zu ordern, dass Sie noch mal kurz und schnell zum Laden bringt. (Z. 9f.)
   - Dabei entstünden sicherlich auch deutlich weniger Unfälle. (Z. 11f.)
   - Und bequem wäre es auch noch [...] (Z. 12)
   - Die Parkplatzsuche entfiele dabei ebenfalls. (Z. 13f.)

- Solche autonomen Autos würden von selbst am Zebrastreifen anhalten, da ihr Radar erkennen würde, dass jemand die Straße überqueren möchte. (Z. 14ff.)
- Die Car-to-car-Kommunikation [...] (Z. 16)
- [...] viel weniger Staus [...] (Z. 17)
- Ultraschallsensoren würden dafür sorgen, dass man zu Hause nicht mitten auf der Straße, sondern in der Nähe des Gehweg-Bordsteins aussteigen könnte. (Z. 18ff.)

mögliche Gefahren/Probleme:
- anfällig gegenüber Hackerangriffen (Car-to-car-Kommunikation)
- technische Fehler → mögliche Unfälle
- rechtliche Fragen sind ungeklärt → Wer haftet im Schadensfall?
- Menschen verlieren Fähigkeiten des Autofahrens

M6 Dystopien

1.
a) Zusammenfassung des Textes „Dystopien“:
   - Dystopie: negative Vorstellung von der Zukunft (an einen „Ort“ gebunden)
   - Utopie: eine positive Zukunft, die aktuelle Probleme löst
   - Themen werden in der Kunst und in den Medien aufgegriffen
   - Gründe dafür sind: Zukunftsangst verbunden mit den aktuellen Herausforderungen an die Gesellschaft
   - Beispiele: Matrix, Minority Report, Die Tribute von Panem, Die Bestimmung und Blade Runner 2049

b) mögliche Pro-Argumente (Dystopien ernst nehmen):
   - zeigen Ängste einer aktuellen Generation auf (Angst als positiver „Schutzfaktor“)
   - verdeutlichen, welche Gefahren in Technologien stecken und was bedacht werden sollte
   - hinterfragen und fordern Reflexion ein

   mögliche Kontra-Argumente (Dystopien nicht ernst nehmen):
   - überzogene Angst vor Dingen, die wir teilweise kennen
   - zu futuristisch, da die Technik noch nicht so weit ist (keine starke KI existiert)

   Für die Schnellen: drei dystopische Elemente im Trailer von Blade Runner 2049:
   - Menschenähnliche Wesen (Replikanten) werden als Arbeitskräfte wie Konsumgüter produziert.
   - Die Umwelt scheint zerstört und sie ist dunkel.
   - Es gibt einen unerbittlichen Kampf zwischen zwei Parteien.

M7 Zusatz: Der Turmbau zu Babel

1.
a) *individuelle Lösungen*

b) Die Aufgabe ist gelöst, wenn eine nachvollziehbare Begründung für ein oder mehrere Interpretationen dargelegt wurde.

2. *individuelle Lösungen*

3. mögliche Chancen:
   - Versteht man die Erzählung des Turmbaus zu Babel als Förderung der Vielfalt von Kulturen und als Zeichen dafür, dass die Menschheit eins war/sein sollte, steht dies in Verbindung mit der Chance, dass eine KI den Austausch von Gütern zwischen Nationen u. a. fördern könnte.

   mögliche Gefahren:
   - Versteht man die Erzählung des Turmbaus zu Babel als Fortschritt, dessen Folgen unabsehbar sind, kann man die Gefahr ableiten, dass keiner weiß, welche Folgen im Zuge der Nutzung einer KI auftauchen könnten.
   - Versteht man die Erzählung des Turmbaus zu Babel als Trennung der Menschen und als Strafe für ihren Hochmut, dann wirkt dies trennend auf die Menschheit, ebenso wie der technische Fortschritt und auch das Thema „KI“ die Menschheit trennen könnte. Diejenigen, die eine KI programmieren und nutzen können, stehen über denjenigen, die von der KI abhängig werden.